LE CORPS DU CHANGEMENT

UTILISER VOTRE CORPS POUR GUÉRIR, AIMER ET VOUS RESPONSABILISER

DR. LISA COONEY

LE CORPS DU CHANGEMENT

DR. LISA COONEY

FOREWORD BY LAURA LANE

Utiliser votre
corps pour
guérir, aimer
et vous
responsabiliser

"Il s'agit peut-être d'un rêve trop lointain, mais nous avons tous besoin de grands objectifs, sinon à quoi bon ? Chacun doit viser à ne pas vivre une vie ordinaire".

— ANNE MCKEVITT

Ou, comme me le disait mon père, "fais-toi grand ou rentre à la maison" !

Ce livre s'adresse au corps. L'être désintéressé qui nous accompagne jusqu'à notre dernier souffle. Pour tous les corps que nous ignorons et pour tous les corps que nous oublions. Puissent les mots sauter de la page et vous rendre, à vous et à votre corps, l'incroyable partenariat qu'il est, et puissent les cadeaux oubliés se rappeler à votre bon souvenir.

ÉLOGES DU DR LISA COONEY

Lisa a complètement révolutionné ma façon de voir mes émotions et de contextualiser mes expériences. Elle est entrée dans mon monde à un moment crucial de transition, et notre travail a eu un effet d'entraînement positif sur mon mariage, ma famille et ma maternité. Je suis et j'ai toujours été à la recherche de tout ce qui peut m'aider à m'améliorer, et son travail combine la science et la spiritualité d'une manière magnifique. Je l'ai recommandée et continuerai à la recommander à d'innombrables parents et amis à tous les stades de la vie.

— CAROLINE JONES, CHANTEUSE,
AUTEUR-COMPOSITEUR ET MUSICIENNE
MULTIGENRE

Lisa a un don incroyable. Elle vous rencontre là où vous êtes émotionnellement et énergétiquement. Après notre première rencontre, une partie de mon monde s'est écroulée.

Cela faisait partie du processus de réalignement et d'évolution vers un meilleur moi. Elle m'aide à trouver des outils pour faire face aux choses qui surgissent et qui sont profondément enracinées. J'ai besoin de tous les outils possibles. Elle est experte en la matière. Je suis reconnaissante de l'avoir comme alliée pour les choses qui peuvent être expliquées et celles qui ne le peuvent pas.

— ZAC BROWN, FONDATEUR ET PDG DU
ZAC BROWN BAND

Après une séance cathartique avec le Dr Lisa Cooney, j'ai remarqué un changement remarquable dans la façon dont je me sentais dans mon corps. J'espère que ce livre aidera de nombreuses personnes qui se sentent déconnectées à suivre le chemin du retour à soi.

— GWYNETH PALTROW, FONDATRICE ET
PDG DE GOOP

PARTIE I

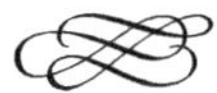

Je me souviens de la première fois que j'ai lu un article sur le Dr Lisa Cooney dans une lettre d'information du GOOP. Gwyneth Paltrow avait récemment suivi une séance ZOOM avec le Dr Conney sur la recommandation d'un ami. J'étais sceptique et je me demandais comment cela pouvait fonctionner sur Internet. Non pas que j'aie des convictions profondes à ce sujet, mais le fait d'être présent en personne me semblait intuitivement devoir faire partie du processus. Gwyneth a accepté et est venue avec un certain scepticisme, mais elle m'a dit qu'elle avait vécu une expérience transformatrice. J'ai réfléchi à son expérience pendant des semaines.

Peu après, on a diagnostiqué un cancer du poumon chez ma chienne et on lui a donné entre un et trois mois à vivre. J'avais élevé cette chienne depuis qu'elle avait huit semaines et je plaisantais toujours en disant qu'elle était la version canine de moi, comme la fille que je n'ai jamais eue. Les médecins ne pensaient pas que la chimiothérapie fonctionnerait, compte tenu du stade avancé de la maladie, mais ils ont dit que nous pouvions quand même essayer. Sur un coup de tête, j'ai également contacté le Dr Cooney pour qu'il m'aide à surmonter mon chagrin. Au cours de notre conversation, il nous a demandé, à mon mari et à moi, de nous asseoir avec notre chien. Elle nous a regardés et je n'oublierai jamais ce qu'elle a dit : "Vous n'êtes pas prêts à partir, n'est-ce pas ? Nous avons poursuivi la séance, au cours de laquelle je me souviens à peine de ce qu'il a dit ; il chantait et parlait très vite. Deux ans ont passé et mon chien se porte bien. Les médecins n'arrivent pas à expliquer comment le cancer a disparu. Ils disent qu'ils n'ont jamais rien vu de tel dans aucun de leurs cas.

Récemment, ma mère était très malade et sous respirateur dans un service de soins intensifs. Les médecins nous ont préparés au maintien en vie, car son état s'aggravait rapidement. J'ai pensé que je ne parlerais plus jamais à ma mère et j'ai donc recontacté le Dr Cooney. Elle m'a donné des instructions sur la manière d'être présente à l'hôpital et, une fois de plus, a procédé à sa guérison à distance. Le lendemain, ma mère a cessé de décliner et a commencé à s'améliorer. Je vais rendre visite à ma mère la semaine prochaine pour son anniversaire. Hier soir, nous avons parlé au téléphone et elle s'est moquée de mes enfants.

Dans tous les cas, les médecins ont été étonnés par la guérison miraculeuse. Je suis sceptique à l'égard des choses qui ne peuvent être expliquées logiquement et des concepts que je ne comprends pas entièrement. Mais en tant qu'être humain vivant dans cet univers vaste et magnifique, je crois de tout cœur que certaines choses de la vie ne peuvent pas être expliquées, que nous ne comprenons pas tout. S'agissait-il de coïncidences ? Je ne le saurai jamais. Je ne comprendrai jamais totalement les capacités du Dr Cooney ni leur fonctionnement, mais je suis émerveillée par ce que j'ai vu et par l'impact profond que cela a eu sur ma vie. Je vous remercie infiniment.

Laura Lane, écrivain et journaliste

VOYAGE VERS LES POSSIBILITÉS

"Ne portez pas votre attention ailleurs dans votre recherche de la vérité, car elle ne se trouve nulle part ailleurs que dans votre corps".

— *ECKHART TOLLE*

Je ne me sentais pas bien. Je me suis approchée de l'ordinateur, j'ai fermé les yeux et j'ai dit : "Body, parle-moi". L'instant d'après, j'ai ouvert les yeux, des larmes coulaient sur mes joues et je fixais les mots "You're killing me" sur l'écran.

Ce jour-là, le jeu - *mon* jeu - a changé. Ce fut le début d'une relation différente avec mon corps, une relation qui n'a pas seulement changé mon corps physiquement, mais qui a aussi changé ma vie telle que je la connaissais. Cela n'a pas été facile. Le travail personnel ne l'est jamais. Mais le plus dur a été de changer mes relations, avec *tout*.

Cela a commencé par la décision de découvrir *ce qui* me "tuait", quelle partie de moi-même et pourquoi. J'ai commencé à utiliser tous les outils et techniques à ma disposition et d'autres que j'avais acquis au cours de ma carrière. Au fil du temps, j'ai découvert que j'avais un don pour les processus de transformation profonde et j'ai développé des outils de découverte et de changement, appelés la MÉTHODE ROAR®. Vivre une réalité radicalement orgasmique, c'est choisir la possibilité plutôt que le problème, une action ou une croyance à la fois.

Grâce à ce travail, ma vie d'aujourd'hui est complètement différente de ce que j'ai toujours pensé pouvoir ou être capable de créer. Le poids émotionnel déguisé en poids physique supplémentaire - une quinzaine de kilos en trop - que je traînais a tout simplement fondu lorsque j'ai décidé de changer. Dans une culture où les régimes à la mode se succèdent, il est révélateur de constater que le fait d'abandonner ses limites et ses doutes permet souvent de transformer plus rapidement son corps pour lui donner la forme que l'on souhaite. En même temps que mon corps changeait, *je* changeais de l'intérieur. Des problèmes de longue date ont commencé à se dissoudre et à se résoudre.

Chaque fois que vous explorez vos problèmes du point de vue de la sagesse corporelle, cela ouvre un tout nouveau monde de conversation et vous fournit de nouvelles façons d'avancer vers ce que vous désirez. C'est la prémisse de tout le livre : comment, en vous connectant à vous-même par l'intermédiaire de votre corps, vous pouvez accéder à votre but le plus élevé et à votre meilleure vie.

L'objectif de ce livre est de vous aider à découvrir les avantages 1) de vous lier d'amitié avec votre corps et de l'écouter et 2) d'apprendre à choisir à partir de votre corps en permettant à votre esprit de faire des recherches coopératives avec lui. Car lorsque vous changez de l'intérieur vers l'extérieur, votre intérieur vers l'extérieur changera également pour s'aligner sur vos désirs. Plus vous en ferez l'expérience, plus vous comprendrez que le manque de conscience crée un *inconfort* physiologique et une *disharmonie* dans votre corps et dans votre vie en général. Cet état d'esprit empêche de prendre conscience que le véritable but de votre corps en tant qu'organisme est de diriger le changement énergétique non seulement en vous, mais aussi chez les autres. Il ne s'agit pas seulement du fait que ce que vous vous dites à vous-même est ce que vous montrez au monde en tant que corps. C'est vrai, bien sûr. Mais mon intention ici est de parler de quelque chose de différent à propos du corps et de son potentiel en tant que guérisseur et empathe.

Dans mon travail avec des clients du monde entier, j'ai découvert que le fait d'être présent dans mon corps a un effet profond sur les gens. Il peut avoir un impact que la plupart d'entre nous n'ont pas les moyens de décrire. On ne nous apprend pas à la maison ou à l'école qu'il existe une conscience universelle à laquelle nous pouvons accéder et qui nous permet d'utiliser notre corps pour informer notre être. C'est la *présence*, l'état d'unité. Et dans cet état, notre corps est capable de bien plus que ce que nous savons.

L'EMPREINTE DE VOTRE ÂME : VOTRE SIGNATURE SPIRITUELLE UNIQUE

S'engager dans l'émergence de l'empreinte de sa propre âme est le chemin vers la plénitude, l'amour et la joie, en nous-mêmes et avec les autres.

— *PSARIS & LYONS*

Ma grand-mère était l'incarnation de l'amour inconditionnel et la seule grâce salvatrice de mon enfance. Elle mesurait un mètre cinquante, était catholique, italienne et puissante. Elle avait elle-même beaucoup souffert. Elle était la plus jeune d'une famille de treize enfants et n'avait jamais dépassé le stade de l'école primaire. Son père était un homme extrêmement violent qui a fini par assassiner sa mère. Elle l'appelait "la Gestapo". Mais malgré son histoire, elle a beaucoup donné. Rétrospectivement, elle m'a appris que peu importe ce que quelqu'un a subi, il peut être l'incarnation de l'amour inconditionnel. Elle a été mon plus grand professeur.

Ayant subi d'importants abus sexuels, émotionnels et physiques durant mon enfance, elle était la seule personne avec laquelle je me sentais à l'aise pour avoir un contact physique. À sa mort, elle a laissé un héritage. Ma grand-mère a influencé ma décision de faire les choses différemment : de choisir, du mieux que je pouvais, d'être gentille et contributive, indépendamment de ce qui se passe dans mon monde. Cette gentillesse peut nécessiter de la force ou de la fermeté, mais c'est un espace d'amour pour ce qu'elle m'a enseigné. *Diriger avec le cœur.* Cela m'a conduit au corps.

Ma grand-mère m'a également enseigné autre chose que l'amour inconditionnel : elle m'a appris à connaître mon âme.

Nous étions assises à la messe, l'un de mes endroits préférés pour être avec elle. Elle connaissait et prononçait chaque mot à haute voix, et ce jour-là, je l'ai entendue dire : "L'âme et moi, nous guérirons.

Je me suis figée, le cœur battant, et à ce moment-là, j'ai su que mon travail aurait quelque chose à voir avec l'esprit ou l'âme. Je l'ai senti de tout mon être... parce que mon corps m'a parlé, et moi et mon corps nous sommes réveillés !

L'EMPREINTE DE TON ÂME

L'empreinte de votre âme est votre signature spirituelle. C'est le contour et le contenu de votre âme, son caractère.

Il est plus spécifique à vous, et à vous seul, que la lettre de votre nom griffonnée sur un chèque ou une lettre.

Il vous est encore plus propre que vos gènes et vos chromosomes.

— *M. GAFNI*

En tant qu'être humain, vous avez une empreinte d'âme, un esprit divin qui vous appelle toujours à un chemin de réalisation plus élevé. Peu importe que vous vous éloigniez de ce chemin, que vous soyez malade ou déconnecté. L'empreinte de votre âme vous appellera toujours, et elle utilise votre corps pour le faire. Bien que des abus précoces m'aient amenée à me replier sur moi-même et à me déconnecter pour me protéger pendant la plus grande partie de mon enfance, il y a toujours eu une autre partie de moi qui est restée en sommeil. À différents moments de mon parcours de guérison, elle émergeait comme pour me rappeler qu'elle attendait patiemment que je prenne conscience d'elle.

De nombreuses personnes avec lesquelles je travaille et qui ont surmonté des abus sont souvent capables de reconnaître, depuis leur lieu de guérison, qu'elles ont toujours été conscientes d'une partie d'elles-mêmes qui n'était pas exprimée, un autre côté qu'elles connais-saient en quelque sorte comme leur vérité depuis le début. Dans ma vie d'aujourd'hui, j'agis de manière plus cohérente à partir de ce lieu. Vous avez peut-être vécu quelque chose de similaire - des moments de conscience ou de connaissance où vous voyez tout pour ce que c'est au-delà de votre réalité actuelle.

Cet aspect de vous-même - l'empreinte de votre âme - est totalement unique. C'est votre propre signature. Et c'est votre travail, votre *seul* travail, de lui permettre de laisser son empreinte. Vous y parvenez en élargissant votre vision limitée de vous-même, ce qui permet d'illuminer votre signature spirituelle dans le monde. Si vous le permettez, votre corps vous aidera à le faire.

PSYCHOLOGIE DE L'ÂME

"Il n'y a rien dans la psychothérapie qui commence avec le modèle de base et parfait de l'homme.... Ce modèle est là..."

— *RAYMOND CHARLES BARKER*

En tant que psychologue professionnel, mon expérience me montre que la psychologie traditionnelle ne dispose pas des outils nécessaires pour aider les gens à trouver l'âme qu'ils recherchent. Elle ne m'a certainement pas aidé. Nous recherchons tous un sentiment d'accomplissement, que ce soit seul ou avec un autre être humain. Mais qu'est-ce que ce sentiment apparemment insaisissable ? On peut le décrire de multiples façons : énergie, connexion, chaleur, ouverture, expansion, vitalité. Je l'appelle la *vitalité radicale*.

Lorsque vous perdez le contact avec votre vraie nature et que vous devenez esclave de rôles, de comportements et de mentalités inflexibles, vous souffrez. Vous vous éloignez de votre place véritable et authentique. Heureusement, grâce au changement et à la transformation personnels, vous pouvez vous libérer des aspects étroits et limitatifs de votre éducation et de vos conditionnements précoces. Chaque nuance, événement, image et incident de votre vie est une source d'informations psychologiques et spirituelles vitales, et ces informations vous sont accessibles parce qu'elles sont stockées dans votre corps. Une fois que vous serez en accord avec cet aspect de l'âme, il vous fournira les conseils exacts dont vous avez besoin pour l'évolution de l'âme et une vie radicale.

VIVRE RADICALEMENT VIVANT

Je crois que ce que nous recherchons vraiment, c'est une expérience de vie, afin que nos expériences de vie sur le plan purement physique résonnent avec notre être et notre réalité les plus profonds, afin que nous puissions vraiment ressentir l'extase d'être en vie.

— *JOSEPH CAMPBELL*

L'opportunité de vivre radicalement est en chacun de nous. Au fil des ans, j'ai utilisé et développé des outils et des techniques pour aider les gens à y parvenir. C'est ce que j'appelle vivre votre ROAR®, votre réalité radicalement et orgasmiquement vivante. Cependant, pour y parvenir, vous devrez probablement perdre quelques kilos. Si vous êtes comme moi, cela pourrait être assez littéral, mais je fais spécifiquement référence au bagage mental et émotionnel. Quoi qu'il en soit, il s'agira de se reconnecter à son âme par le biais de la sagesse innée de son corps.

Comment faire ? Commencez par puiser dans le pouvoir de guérison qui est en vous. Pour que la musique divine de la vie puisse jouer à travers vous, l'ego doit s'effacer. Toutes les idées fixes et les croyances que vous avez accumulées depuis votre conception doivent disparaître pour que votre énergie s'aligne sur la conscience supérieure.

Cela vous semble-t-il un objectif impossible à atteindre ? C'est parce qu'il ne s'agit pas vraiment d'un objectif. Il s'agit d'un *processus* que j'ai découvert dans le cadre de mon travail et qui se résume à un concept simple : *aimez vous de l'*intérieur et soyez un bon ami pour vous-même parce que vous voulez être quelque chose de différent. Le vrai vous, caché sous le courant de votre ego et de votre moi de survie qui active intrinsèquement vos stratégies d'adaptation et votre subconscient.

LE SECRET RÉSIDE DANS L'INTELLIGENCE DE VOTRE CORPS

Vous voyez, tant que nous restons les mêmes à l'intérieur, au niveau de nos pensées, de nos croyances, de nos schémas,

et des émotions, nous n'avons tout simplement pas réussi à nous transformer au sens le plus profond du terme. Pour être en bonne santé

Et pour le rester, oui, nous devons faire de l'exercice et bien manger. Mais souvent, nous devons aussi nous regarder "au-delà du corps", en examinant nos croyances limitatives à propos de notre corps et de notre vie.

Nous devons changer notre mentalité et guérir les chocs émotionnels et les ecchymoses....

— *BILL PHILLIPS*

Tout comme la petite fille dont le corps lui a parlé ce jour-là avec sa grand-mère, votre corps vous parlera. Il vous dira des choses que vous ne pouvez pas imaginer aujourd'hui sur la façon de guérir, d'aimer, de vivre, d'être, parce que votre corps est connecté à l'intelligence de l'univers. La question est la suivante : comment nos vies sont-elles devenues si mal orientées, si compliquées et si difficiles ? Et surtout, que pouvez-vous faire pour changer cela et être capable d'écouter les solutions, l'amour et le soutien que votre corps a pour vous ?

Comprendre les réponses à ces questions et travailler avec ces informations aura un effet profond sur votre vie en transformant littéralement toutes vos relations : avec l'argent et le travail, avec la santé et le bien-être, avec les personnes aimées et celles qui le sont moins et, surtout, avec vous-même et le monde. Quels que soient les défis et les problèmes que vous rencontrez, je vous promets qu'ils vaudront la peine d'être relevés. Vous découvrirez peut-être même, comme je l'ai fait, que "votre désordre est votre message" et que votre but est intimement lié à votre cheminement vers la plénitude.

Posez-vous les questions suivantes :

Quel est le message de votre "désordre" actuel ?

Body, peux-tu me montrer ce qu'il faut faire pour changer cela maintenant ?

Quelle est la prochaine étape ou action à entreprendre ?

Entraînez-vous ensuite à utiliser cette phrase souche :
"Je ne sais pas comment.... Je sais juste que ce sera le cas. Merci, c'est fait !"

Par exemple :

1. Je ne sais pas comment je peux *poser une question et entendre la réponse de mon corps.*
2. Je sais que ce sera le cas
3. Merci, c'est fait !

QU'EST-CE QUI VOUS RETIENT ?

Quelle est l'histoire de votre corps ?
Quand l'avez-vous créé ?
Êtes-vous satisfait de cette histoire ?
Faut-il une fin et un nouveau départ ?
Ou un nouveau chapitre ?
Ou un tout nouveau livre ou un tout nouveau look ?

Qu'est-ce qui vous empêche de créer une vie que vous aimez ? Qu'est-ce qui vous bloque ? En un mot : vous-même. C'est vous qui bloquez vos véritables talents, dons, besoins et désirs, que vous en soyez conscient ou non. En travaillant avec les gens, j'ai découvert que ce qui vous retient souvent, c'est une forme de rejet :

1. Le refus de choisir pour vous simplement parce que vous le pouvez.

2. Le refus de pratiquer l'amour de soi.

3. Le refus d'accepter que vous méritez tout le bien, pas un peu, mais tout le bien.

4. Refus d'accepter que l'on puisse choisir ce que l'on veut et que l'on n'attende rien, pas même de l'argent ou une autorisation.

5. Le refus de choisir ce que l'on veut, de le rechercher activement et de le créer.

Tout le monde est toujours à la recherche de la pilule magique : *si je fais ceci.... Si j'obtiens ceci... alors je peux.* Mais cela ne fonctionne pas vraiment comme ça. C'est plutôt comme ça : *Je veux ceci. Je veux ceci. Cela me rendra heureux. Comment le créer ?*

Qu'est-ce qui vous empêche de créer et d'accepter les choses qui vous rendraient heureux ? Et pourquoi rejetteriez-vous ce que vous voulez vraiment ? Au niveau conscient, bien sûr que non, mais au niveau inconscient ? Ah, oui.

Exercice quotidien

Écrivez 10 choses :

1. ce que vous voulez
2. Vous souhaitez
3. Qui vous rendra heureux

4. Êtes-vous prêt à faire pour créer ce que vous avez écrit ci-dessus ?

DISTRACTIONS, BARRIÈRES ET DÉFLECTEURS DE VOS DONS ET DE VOTRE CRÉATIVITÉ

Les seules choses qui nous empêchent d'être, de faire et d'avoir ce que nous voulons sont nos croyances inconscientes : des croyances fondamentales ou de base qui ont été formées principalement dans l'enfance par les parents, les ancêtres ou la culture au sens large, ou simplement par les interactions et les expériences avec le monde qui nous entoure, et qui fonctionnent aujourd'hui en pilote automatique. À l'époque, elles avaient du sens pour nous. Elles nous expliquaient comment le monde fonctionnait. Elles nous donnaient de la sécurité. Elles nous disaient qui nous étions - ou qui nous n'étions pas - dans ce monde. Elles étaient les règles du jeu qui nous permettaient de fonctionner dans l'environnement dans lequel nous nous trouvions. Aujourd'hui, cependant, elles vivent dans les sombres souterrains de notre subconscient, imprégnant chaque aspect de notre être et de notre vie, et elles restent invisibles pour nous, à l'exception des résultats qu'elles produisent.

Les personnes qui viennent à mon cabinet ou à mes ateliers se demandent souvent, dans le meilleur des cas, pourquoi leur vie ne se déroule pas comme elles l'avaient imaginée. Pourquoi ne parviennent-elles pas à créer des relations joyeuses, une carrière attrayante et productive ou l'abondance financière ? Pourquoi ne peuvent-elles pas être heureuses ? C'est parce que leurs croyances inconscientes, aussi dépassées et obsolètes soient-elles, mènent la danse en arrière-plan. Malheureusement, elles ne disparaissent pas parce qu'elles ne sont plus utiles.

C'est pourquoi nous avons du mal à changer les choses, parce que nous nous heurtons à ces croyances cachées, des croyances qui ne peuvent être observées qu'à travers nos comportements, nos émotions et nos actions, ou dans les situations ou conditions qui se présentent dans notre vie. Les gens souffrent, ne croient pas et s'enlisent dans des choses dont ils n'ont pas vraiment besoin. Ces croyances sont à l'origine de vos limitations, parfois même sans que vous vous en rendiez compte. Comme des sables mouvants, elles vous enfoncent et vous y maintiennent.

J'en suis venu à reconnaître que bon nombre des croyances fondamentales avec lesquelles les gens luttent sont universelles par nature et pointent dans une seule direction : la haine de soi à un certain niveau.

LA HAINE DE SOI

Le seul péché est la haine de soi.

— *PAUL WILLIAMS, DAS ENERGI*

La haine de soi a plusieurs visages : *je suis mauvais. Je suis mauvais. On ne veut pas de moi. Je ne suis pas important. Je n'ai pas d'importance.* Elle se présente sous de nombreuses formes et agit comme un auto-sabotage. Bien sûr, nous ne savons pas qu'il s'agit d'autosabotage. Cela ressemble toujours à quelque chose d'autre :

1. la procrastination
2. Se comparer aux autres
3. Ira
4. La victimisation
5. Projection/éblouissement
6. Plaintes/critiques
7. Excuses
8. Peur
9. Inquiétude/anxiété

La haine de soi affecte ce que j'appelle "les trois grands" : la santé, les finances et les relations. Ce sont les domaines dans lesquels la plupart des gens ont besoin d'aide à un moment ou à un autre, et les trois principales raisons pour lesquelles la plupart des clients viennent en thérapie. Lorsqu'ils arrivent, leurs problèmes battent souvent leur plein : mauvaise santé, dettes écrasantes qui augmentent le stress et l'anxiété, relations toxiques. Ce sont toutes des formes d'auto-punition.

Malheureusement, les gens ne se rendent souvent pas compte que des signes précurseurs de croyances inconscientes sont en jeu, comme ceux que j'ai énumérés ci-dessus, en partie parce qu'ils sont si courants et "acceptés".

PHRASE

Au cœur de la haine, qu'elle soit dirigée contre soi-même ou contre les autres, se trouve le "jugement" : une décision sur ce qui est mauvais (et donc aussi bon). Lorsque vous jugez quelque chose, vous opérez essentiellement avec un point de vue fixe... et tout point de vue fixe vous possède. Il réduit votre perspective, et chaque fois que vous perdez la perspective, vous perdez le pouvoir. Vous agissez différemment de ce que vous voudriez vraiment faire et vous vous sentez mal à ce sujet, ce qui vous pousse à juger davantage.

Si vous examinez de près la nature du jugement, vous verrez qu'il s'agit d'un amalgame du passé et des personnes qui font partie de ce passé. Il peut être libérateur de savoir que la plupart des jugements que vous portez n'émanent pas de vous. Elles ont été transmises depuis des temps immémoriaux. En ce sens, elles ne vous appartiennent pas. Cependant, plus vous permettez au jugement de vous nourrir et de vous maintenir enfermé dans cette réalité limitée - comme un animal en cage - plus vous maintenez l'abus et la maladie du jugement dans votre corps, dans votre esprit et sur cette terre.

Lorsque les gens vous disent des choses, que vous le sachiez ou non, vous créez une de ces croyances inconscientes sur vous-même. Ensuite, chaque fois que quelque chose vous ressemble en apparence, en odeur ou en goût, cette croyance inconsciente s'élève à l'intérieur de vous, dans votre "cage", et dit : "Oh, oui, ça ! Un autre barreau est placé, ou renforcé, dans la cage. Ainsi, toute votre vie, vous vous défendez de pouvoir vous connecter à votre belle énergie innée. Vous pensez qu'il y a quelque chose qui ne va pas chez vous. Tout se passe en une fraction de seconde, au-delà de votre conscience, et tout ce que vous savez, c'est que, lorsque vous faites un travail de guérison par l'énergie spirituelle, vous ne pouvez pas vous connecter autant que vous le savez à cause de croyances inconscientes.

Dépasser le jugement, c'est aussi se juger soi-même et juger les autres, car ce que l'on juge chez les autres n'est que le reflet de ce que l'on juge chez soi.

LA CAGE

Dans le vocabulaire allemand de la Philosophie, on trouve les mots eigentlich

(*vrai, réel*) *et* uneigentlich, le *contraire de la vraie vie à laquelle vous êtes destiné.*

De nombreuses personnes vivent une "uneigentliches Leben" (vie inauthentique).

Le plus difficile est de sortir de ces cages que l'on s'est créées soi-même.

— *NINA GEORGE*

Une cage est une métaphore utile pour décrire la structure invisible et l'auto-emprisonnement qui enferme les gens dans leur réalité limitée. Je me souviens avoir travaillé un jour avec un puissant guérisseur qui m'a dit : "Mon Dieu, les structures internes de votre corps : c'est comme si vous aviez de l'acier autour des hanches et des os pleins de fonte. C'est la cage : des idées et des croyances intériorisées sur vous-même et sur la vie qui s'endurcissent au fil du temps, des barreaux invisibles qui vous maintiennent accroché aux limites de votre point de vue figé. La cage vous lie à certaines réalités vécues telles que : "Voilà ce qu'il en est. C'est ce qu'il y a", au lieu de vivre votre vie comme une création et des possibilités infinies, ce qui est votre véritable nature et votre signature spirituelle.

LES QUATRE D : DÉNI, DÉFENSE, DÉCONNEXION, DISSOCIATION.

Les quatre sont des stratégies d'adaptation que la plupart des gens utilisent pour négocier leur réalité, mais qui renforcent en fait la cage et verrouillent tout en place. Examinons chacune d'entre elles.

Nier : Refuser de reconnaître l'existence de quelque chose.

Le déni n'est pas nécessairement une mauvaise chose. Comme je le dis aux participants de mes ateliers, ce n'est pas grave. Nous pouvons rire. Le rire est une ressource précieuse dans ce travail très personnel, car nous parlons de choses très difficiles. Soyons réalistes :

lorsque vous subissez un traumatisme ou un abus, il est plus facile de vivre avec un certain niveau de déni. Cependant, le déni tacite mène directement à vos croyances inconscientes. C'est ainsi qu'à l'âge adulte, les gens se retrouvent dans l'une ou l'autre des situations suivantes : mariages malheureux, situations d'endettement, entreprises infructueuses, corps malades, cauchemars parce qu'ils ne veulent pas affronter leurs traumatismes, et ainsi de suite. Le déni non exprimé est souvent la première entrée dans la cage.

Imaginez que quelqu'un rompe avec vous. Vous le sentez dans votre cœur ou quelque part dans votre corps, et vous vous dites immédiatement : "D'accord, je dois être fort". C'est le déni. Vous freinez des quatre fers.

Mais cela ne s'arrête pas là. Vous le faites encore et encore et vous accumulez des couches, ce que j'appelle une "armure corporelle". Tout ce que nous faisons dans mes ateliers ROAR® est conçu pour libérer cette armure corporelle. Imaginez que vous êtes au volant d'une voiture et que vous freinez brusquement parce qu'un cerf s'est engagé sur la route. Sans vous en rendre compte, vous retenez votre souffle. Le cerf s'enfuit et vous vous dites : *OK... le cerf va bien.* Mais vous ne vous souvenez pas que vous avez oublié de respirer. Et ce moment reste gravé dans votre mémoire, même s'il est déjà passé.

Il en va de même pour vos systèmes de croyances auxquels vous ne prêtez pas attention parce que vous êtes si fort et que vous devez continuer à avancer. C'est une armure. Parfois, lorsque je demande à quelqu'un de respirer, il a des vertiges. C'est difficile pour eux. Elle peut même commencer à s'étouffer. Beaucoup d'entre nous ne veulent pas respirer par le ventre parce que c'est là que se trouvent nos émotions, ou par la poitrine parce que c'est là que se trouve notre détresse. Cela devient une façon d'avancer dans la vie.

Chacun des 4 D est à double tranchant. Dans le cas du déni, vous niez également la grandeur de vos dons, talents, compétences et aptitudes, car si vous niez quelque chose qui se produit, ne niez-vous pas également quelque chose à propos de vous-même ? Où est la limite ? C'est ainsi que nous commençons à développer la cage. Pour prendre conscience et entamer le processus de changement, il suffit de se poser quelques questions :

1. *Qu'est-ce que je nie ici ?*
2. *en quoi suis-je dans le déni ?*
3. *Qu'est-ce que j'aime refuser ?*
4. *DENI - Je ne sais même pas que je mens.*
5. *Quelles leçons positives tirez-vous de ce refus ?*
6. *Écrivez dix choses que vous savez refuser !*

7. *Écrivez dix choses que vous ne voulez pas savoir et
que vous savez.*

Sachez que lorsque vous commencez à remettre en
question ces défenses, attendez-vous à vous sentir mal
à l'aise. C'est comme si vous nommiez quelque chose
qui n'a jamais été nommé auparavant. C'est normal.
Faites confiance au processus.

Défendre : Résister.

Se défendre est une façon de se protéger d'un mal ou
d'un danger. C'est un mécanisme inné. Encore une
fois, ce n'est pas toujours une mauvaise chose. Pensez
à quelqu'un qui se met en colère contre vous. Votre
première réaction est de vous défendre, n'est-ce pas ?
Mais lorsque c'est la faute de tout le monde, que vous
devez vous défendre contre tout, ou que vous devez
vous protéger contre quelqu'un qui sort du coin et qui
vous tue tout le temps ? Eh bien, cela devient un plus
gros problème. Vous vivez sur vos gardes en perma-
nence, toujours en train de vous battre contre quelque
chose. Vous défendez peut-être votre point de vue,
des jugements que vous portez sur vous-même, une
décision que vous avez prise ou quelqu'un dans votre
vie. Ou quelqu'un qui a fait partie de votre vie,
comme un parent ou un enfant. Vous érigez constam-

ment des murs ou des barrières contre quelqu'un ou quelque chose, mentalement, émotionnellement, psychiquement ou physiquement. Chaque fois que quelque chose ressemble, sent ou a le goût de quelqu'un qui vous fait du mal - par exemple, parce que votre petit ami a rompu avec vous à l'âge de onze ans, et que vous continuez à y faire face et à le porter à chaque rupture - vous vous défendez de ressentir la douleur initiale, ainsi que toutes les autres à partir de ce moment-là.

Le revers de la médaille, c'est qu'en vous défendant de la sorte, vous vous défendez aussi de tout ce qui est bon. Vous ne vous en rendez simplement pas compte. Avec les quatre D, il n'y a pas de ligne dans le sable qui dise : "Ceci est bon....", "Ceci est mauvais", "Ceci est mauvais". Ceci est mauvais. Restez avec le bon. Restez à l'écart du mauvais. Tout est mélangé et vous le portez sur vous. Voici quelques questions à vous poser :

1. *Qu'est-ce que je défends ?*
2. *qui est-ce que je défends ?*
3. *Comment argumenter pour ou contre quelque chose ?*
4. *Quelle est la valeur de la défense ?*
5. *Qu'est-ce qui me plaît le plus dans la défense, le combat, le conflit, l'adrénaline ?*
6. *Qu'est-ce que je m'enseigne en me défendant ?*

Lorsque vous niez ou vous défendez contre quelque chose, vous perdez toute perspective. Vous abandonnez votre pouvoir. Si vous vous sentez constamment impuissant, c'est probablement à cause de cela, même si vous pensez que c'est la situation extérieure. Ce n'est pas le cas. La réalité extérieure est juste la chose qui frappe à votre cage et vous demande : "Êtes-vous prêt à changer cela ? Êtes-vous prêt à prendre votre pouvoir maintenant ? Ou préférez-vous souffrir ?

Déconnecter : Séparer ou enlever.

Lorsqu'il se produit quelque chose que vous n'aimez pas, vous vous déconnectez. Vous l'écartez de votre conscience ou vous prenez vos distances pour vous sentir en sécurité ou à l'aise. D'une manière ou d'une autre, vous vous en séparez. Vous pouvez vous déconnecter des douleurs ou des sensations dans votre corps, des autres personnes, des souvenirs ou de toute autre personne à laquelle vous attribuez la cause de l'abus, y compris votre propre personne. Vous pouvez aussi vous déconnecter de vos rêves, de vos objectifs ou de vos désirs.

La déconnexion dit "je ne veux pas m'occuper de cela", contrairement à la défense ou au déni. Lorsque vous vous défendez, vous réagissez à quelqu'un ou à quelque chose. Vous vous défendez. Avec le déni, vous dites : "Non, ce n'est pas arrivé".

Questions :

1. En me déconnectant, je m'apprête à… ?
2. Qu'est-ce que j'évite de reconnaître comme réel ?
3. Qui suis-je en train de voir comme quelqu'un d'autre que ce qu'il est réellement au lieu de faire face à ce qu'il est réellement ?
4. Qu'est-ce que je remets à plus tard et que je repousse au lieu de m'y attaquer ?
5. Que se passerait-il si je penchais pour cette solution ?

Se dissocier : se détacher de ce que l'on vit à ce moment-là.

(Note : bien qu'il s'agisse de la forme la plus extrême des quatre D, je ne fais pas référence ici au trouble de la personnalité multiple, au trouble dissociatif de l'identité ou au trouble de la personnalité limite).

Si vous en êtes là, c'est que vous avez un déni et une défense bien rodés. Comme les autres D, ce n'est pas nécessairement une mauvaise chose. C'est la façon dont vous avez survécu jusqu'à présent. Se dissocier signifie que vous avez laissé une partie de vous non guérie dans le passé. Une partie de vous est toujours là, ce qui vous maintient attaché au passé plutôt qu'au moment présent dans lequel vous vous trouvez. Il s'agit d'une stratégie utilisée pour tenter d'échapper à l'intensité ou à la gravité de quelque chose. Vous pouvez vous dissocier de votre corps ou d'une joie, d'un chagrin, d'une tristesse ou d'une colère intenses.

1. Quand est-ce que je me sens glisser dans un monde imaginaire où j'ai l'impression d'être spectateur de ma vie au lieu d'être ancré en moi-même ?
2. Quels sont les comportements qui témoignent de ma dissociation ? errer sans réfléchir en regardant la télévision pendant des heures ? être anesthésié par l'alcool ou d'autres substances ?
3. Est-ce que je me sens étranger à un groupe de personnes lorsqu'elles sont occupées à éprouver de la joie, du bonheur, du rire ou même de la tristesse, et que j'ai l'impression de les observer sur un plateau de tournage ?
4. Qu'avez-vous décidé d'abandonner lorsque vous vous êtes dissocié ?

QUESTIONS :

Pendant les onze prochains jours, écrivez et notez chaque jour le moment où vous commencez, continuez ou arrêtez de vous déconnecter.

Que vous apprend cette action ou ce comportement ?

Quelle vertu cultivez-vous - la sécurité, la résilience, le pardon, l'acceptation, la gentillesse, la compassion ou le courage ?

Normalement, les gens passent par les quatre D sans s'en rendre compte, en commençant par le déni : "Oh, ça fait du bien". L'instant d'après, ils passent à la défense et à la lutte, ce qui peut ressembler à une dispute avec un ami ou un partenaire :

"Non, c'est à propos de toi."

"Laissez-moi vous dire ceci..."

"Chaque fois que tu fais ça..."

Ce genre de dialogue vous semble-t-il familier ? Je dis souvent à mes clients de faire attention à ce qu'ils disent. Parce qu'une fois que vous commencez par le déni, vous passez rapidement à la défense, et de là, vous passez soit directement à la dissociation, soit à la déconnexion, mais cela se termine toujours par la dissociation. Puis tout recommence. Vous revenez au déni parce que vous vous sentez plus en sécurité.

En examinant le rôle de ces stratégies d'adaptation dans votre vie et les croyances inconscientes qui les alimentent, vous apprendrez où sont vos limites, ce que vous pouvez faire et ce qui est sain. Vous découvrirez que ce qui crée la maladie, la manipulation, le malheur, l'anxiété et la dépression, c'est l'abandon de soi à travers les stratégies des quatre D : déni, défense, désengagement et dissociation. Et le but de cette mise en cage est de ne pas exister. Oui, ne pas exister ! Vous avez bien lu.

EXERCICES

1. Pliez une feuille de papier en deux et écrivez les quatre D sur un côté de la feuille. Fermez les yeux et, sur l'autre face de la feuille, réfléchissez à des situations où vous avez fait preuve de chacun des quatre D dans votre vie.
2. Dressez une liste des personnes, des lieux et même des choses que vous évitez.
3. Lorsqu'il s'agit de personnes, réfléchissez à la raison pour laquelle vous vous en éloignez. Les autres les voient-ils d'une manière très différente de la vôtre ? Vous arrive-t-il d'"expliquer" leur comportement lorsque

d'autres s'inquiètent de la manière dont ils vous
traitent ou traitent d'autres personnes ?

4. Pour les lieux, énumérez chaque lieu et
décrivez les détails de vos expériences passées
dans ce lieu. Que s'est-il passé dans ce lieu ?
Quels sentiments ce lieu vous inspire-t-il ?
Pourquoi évitez-vous de vous trouver dans ce
lieu ?

5. Pour les objets, dressez une liste des choses que
vous avez gardées ou cachées. Quel est votre
premier souvenir de cet objet ? Que s'est-il
passé la première fois que vous avez été en
présence de cet objet ? Avez-vous peur de vous
débarrasser de cet objet ? Pourquoi ?

6. Au cours de la semaine prochaine, soyez
conscient des situations dans lesquelles vous
vous retrouvez dans les quatre D. Gardez un
carnet avec vous et notez chaque situation.
Gardez un carnet avec vous et notez chaque
situation : Où êtes-vous ? Avec qui êtes-vous ?
Que faites-vous ? Que ressentez-vous ?

Cet exercice, si vous décidez de l'essayer, entamera le
dialogue avec votre corps et vous serez sur la bonne
voie pour aligner l'esprit, le corps, l'âme et l'esprit.

QUELS SONT LES AVANTAGES POUR VOUS ?

Argumentez vos limites et, bien sûr, elles seront les vôtres.

— RICHARD BACH

La cage, les épreuves, les quatre D... sont autant de mécanismes d'adaptation conçus (bien qu'inconsciemment) pour vous insensibiliser au monde extérieur. Mais l'engourdissement n'est pas sélectif. Il sert également à vous désensibiliser à l'expérience de *vous-même* et à ce que vous êtes réellement en tant que don dans le monde.

Au fond, c'est la *peur* qui vous engourdit : la peur d'être vu, la peur d'être exposé, la peur de créer cette idée que vous aimez. Votre peur vous conduit à agir là où vous vous retrouvez toujours en train de ramer à contre-courant, et tout cela parce que vous croyez aux mensonges du faux moi. C'est ce qui rend si difficile la création de la réalité que vous voulez vraiment avoir - parce que vous devez perdre votre peur, vos autolimi-tations, pour le faire. Et rester dans le statu quo a ses avantages. Jusqu'à présent, votre vie entière est basée sur ces limitations. C'est la seule façon dont vous vous connaissez, le cadre que vous avez utilisé pour construire votre santé, votre corps, votre argent et votre vie financière, votre travail et vos relations (ou leur absence).

C'est à cause de scénarios passés non reconnus et non résolus dans lesquels vous avez décidé que vous étiez quelque chose qui n'était même pas vrai à votre sujet, mais que vous avez rendu vrai à votre sujet, et que c'est devenu vous. C'est ainsi que vous menez votre vie. C'est ainsi que vous attirez vos relations. Vous attirez votre argent de cette façon. Vous attirez votre entre-prise de cette façon. Vous attirez votre corps de la même façon. Et vous attirez ce qui n'arrive pas dans votre vie à partir de cet espace d'être. Vous vous souvenez de PigPen dans le dessin animé *Peanuts* de

Charles Schultz ? C'était celui qui puait et qui avait toujours un petit nuage de poussière qui tourbillonnait autour de lui. C'est la même énergie que celle de ces systèmes de croyance, et elle tourbillonne toujours autour de vous tout en attirant ce que vous dites ne pas vouloir. Votre champ d'énergie en dit long et en êtes-vous conscient ?

AVANTAGES INVOLONTAIRES

Pour la plupart des gens, l'idée qu'ils pourraient en tirer quelque chose de positif - même si c'est de façon tordue - est souvent un peu effrayante. Cela fait partie du déni. Mais examinons quelques-uns des avantages potentiels que vous pourriez tirer de la rétention de vos limitations. Cela vous semble familier ?

1. la puissance
2. la sécurité
3. la sécurité
4. Contrôle
5. S'isoler ou s'accorder un espace pour s'écouter soi-même
6. La paix
7. Détente
8. La liberté
9. Attention

10. L'amour
11. La vengeance
12. Espace
13. Respirer ou avoir du souffle
14. Faire preuve d'ingéniosité

Lorsque vous vous libérez de vos croyances incons-cientes et de vos limitations, vous devenez énergéti-quement plus en accord avec vos désirs et vous commencez à prendre les bonnes mesures. Vous ouvrez la porte aux possibilités. Mais la plupart des gens ne croient pas que cette possibilité en vaille la peine, alors ils n'ouvrent même pas la porte. Voici une phrase choc : Libérez-vous, vous ne le regretterez pas !

Pourquoi voudriez-vous générer des FEAR (False Evidence That Looks Real) ?

Il n'y a qu'une seule raison : se limiter dans un monde de possibilités parce que, à un certain niveau, ces possibilités sont inconnues et incertaines. Alors, au lieu de les affronter et/ou de faire face à leurs conséquences perçues, vous vous limitez et vous restez sur place.

Lorsque je demande aux gens : "De quoi avez-vous peur ?", ils répondent souvent par des commentaires tels que : "Je n'ai pas d'argent", "Je vais quitter ma famille et elle ne voudra pas de moi", "Je ne sais pas comment faire, alors je préfère ne même pas chercher". Parfois, elles disent que c'est "trop de travail". Ou encore, elles sont atteintes d'une maladie. Les raisons sont multiples, et tout le monde en a. "Je suis moche. J'ai honte. Je suis une erreur. Telles sont les "raisons" pour lesquelles les gens ne parviennent pas à créer leur vie. Bien qu'il s'agisse en réalité d'excuses, les gens choisissent trop souvent de croire qu'elles sont vraies plutôt que de créer une réalité différente, la réalité qu'ils veulent vraiment avoir. Si cela vous ressemble, essayez de vous poser les questions suivantes :

Qu'est-ce qui rend la raison - ou le "mensonge" - si essentielle que vous préférez croire au mensonge plutôt que de créer la vérité ?

Quelle fonction remplit-elle et à qui sert-elle (généralement pas seulement à vous) ?

Quel avantage ou quelle récompense obtenez-vous en continuant ?

Qu'apprenez-vous ?

En quoi cela vous motive-t-il ?

Quelles sont les "bonnes choses" qu'il vous enseigne ?

Avez-vous terminé ce modèle aujourd'hui ?

Que ferez-vous pour changer cela ?

La clé est de demander et de prêter attention au corps, car les vraies réponses viennent du corps, pas de la tête. Vous écoutez *et* ressentez la réponse, souvent accompagnée d'un sentiment de libération. Chaque fois que vous vous libérez d'une croyance inconsciente, vous vous alignez davantage sur la présence et sur votre signature spirituelle unique. Prenez le risque du changement, votre corps ne vous laissera pas tomber.

Pour entrer, il faut commencer à faire trembler les barreaux de la cage. Laissez les larmes couler. L'émotion est une énergie en mouvement. La cage représente ce que vous avez retenu dans votre corps et que vous n'avez pas pu libérer. Vous pouvez prendre conscience de la lourdeur et de la densité de ce qui était invisible pour vous auparavant. Posez-vous des questions telles que : "Qui serais-je sans mes limitations et comment vivrais-je sans elles ? Laissez votre corps répondre et vous offrir de bien plus grandes possibilités pour votre vie. Il suffit de commencer quelque part.

Posez-vous les questions suivantes ET rédigez votre vision en répondant à ces questions. Vous créez votre avenir :

À quoi ressemblerait votre vie sans ces limitations ?

Qui est avec vous ?

Que comprend-elle ?

Que percevez-vous ?

Quelle est la sensation dans votre corps ?

C'est cela la tolérance : faire, faire et faire encore parce qu'il en faut plus pour obtenir le même résultat. En psychologie, on appelle cela la "théorie de l'état dépendant". Cela signifie que vous ne pouvez pas vous souvenir, changer ou atteindre ce que vous voulez atteindre si vous n'êtes pas dans l'état exact où vous avez créé le problème ou pris la décision qui est maintenant obsolète. C'est pourquoi les gens pensent qu'il faut *boire pour s'amuser ou se droguer pour prendre conscience du problème ou rester dans une dynamique toxique, excusant la dégradation et la déresponsabilisation.* Vous pouvez simplement interroger votre corps et choisir ce qui vous convient à tous les deux.

La réalité est que vous pouvez accéder à la conscience que vous désirez. Vous pouvez vous débarrasser de tous les mensonges avec lesquels vous avez vécu. Et vous pouvez sortir de la cage. Commencez par vous fixer des objectifs sur ce que vous voulez changer. Vous savez si vous êtes grincheux. Vous savez si vous blâmez tout le monde pour tout. Vous savez si votre situation financière a changé ou non. Vous savez si vous êtes heureux ou non sur le plan sexuel. Vous savez si vous êtes heureux dans votre corps ou non. Vous savez si vous êtes heureux dans votre entreprise ou non. Vous le savez. Oui, et si vous ne le croyez pas, votre corps le croit. Écoutez

Il faut simplement avoir le courage d'affronter le passé. Quelle est la réalité aujourd'hui ? Les gens trouvent cela très effrayant, mais la réalité est que vous vivez *votre passé dans votre présent*. Et ce n'est pas tant que cela fasse peur, ce qui est plus effrayant, c'est qu'à un certain niveau, vous en profitez. Ou en profitez vous ? *C'est* votre vraie cage.

EXERCICE : À L'INTÉRIEUR DES BARREAUX DE LA CAGE

Imaginez que vous êtes à l'intérieur de cette cage et que la porte est verrouillée. La cage a douze barreaux. Chacun des barreaux représente une peur ou une limitation à laquelle vous vous accrochez et qui vous empêche d'être pleinement vivant.

Découpez une feuille de papier en douze longues bandes et écrivez sur chacune d'elles la peur, le message, la limitation ou tout autre élément que vous laissez vivre dans votre cerveau et qui vous empêche d'avancer. Au dos de chaque bande, inscrivez une ou plusieurs actions que vous pouvez entreprendre pour vous débarrasser de cet obstacle. À la fin de cet exercice, vous pouvez déchiqueter ou brûler les papiers pour symboliser votre sortie de la cage. Je vous mets au défi deux fois - qu'avez-vous à perdre ?

LA SAGESSE DU CORPS

La connaissance du corps consiste à apprendre à l'écouter, à lui répondre...

avec gentillesse et établir une relation avec lui, de sorte qu'il puisse sentir qu'il a

maîtrisez votre système et vivez la vie que vous voulez vivre.

— HOLLY BRIDGES

Le corps est un système de navigation semblable à un GPS. Même si nous nous émerveillons des capacités de la technologie, la "technologie" de notre propre corps est bien plus importante, surtout si l'on considère que sans l'intuition (ici), la technologie (là-bas) n'existerait pas. Certains des plus grands esprits du monde l'ont admis, à commencer par Albert Einstein, qui a déclaré : "Toutes les grandes réalisations scientifiques doivent partir d'une connaissance intuitive". Je crois en l'intuition et en l'inspiration..." à Steve Jobs : "Ayez le courage de suivre votre cœur et votre intuition. D'une certaine manière, ils savent déjà ce que vous voulez vraiment devenir. Tout le reste est secondaire.

CONSCIENCE INTUITIVE

Lorsque votre corps commence à s'aligner énergétiquement sur la présence, vous constaterez qu'il est beaucoup plus facile d'accéder à votre intuition et à votre conscience de l'avenir. C'est peut-être l'une des raisons pour lesquelles de nombreuses personnes choisissent inconsciemment de rester dans leur cage. Il semble parfois que l'ignorance soit un bonheur et que les responsabilités soient moindres. Un avenir connu peut être tout aussi effrayant qu'un avenir inconnu pour les non-initiés. Avoir accès à son intuition permet d'éviter les ennuis.

L'intuition elle-même est subtile et se manifeste donc souvent par de petites choses. Par exemple, ce matin-là, vous pouvez penser que votre partenaire est en colère contre vous, alors que ce n'est pas le cas. La journée se passe bien entre vous, mais douze heures plus tard, il ou elle est en colère contre vous. Ce type d'avertissement peut rendre votre relation beaucoup plus facile que si vous restez coincé dans le cycle des quatre D et que vous ne prêtez pas attention ou n'écoutez pas votre intuition.

Par exemple, vous vous cassez le bras en tombant d'un cheval alors que votre partenaire a une liaison que vous ne voulez pas connaître (cela m'est arrivé). Ou encore, vous vous coupez le doigt avec un couteau le matin et vous prenez du retard dans le paiement de vos factures. Bien sûr, ces événements ne semblent pas liés entre eux, mais remarquez comment ils attirent votre attention. Heureusement, ces expériences commencent à être de moins en moins fréquentes car a) vous n'en avez pas besoin et b) vous le savez intuitivement à l'avance. Il ne reste plus qu'à savoir si vous allez l'écouter.

Être en communion avec son corps n'est pas la même chose que le "travail corporel". Bien que j'aie pratiqué diverses formes de "travail corporel" pendant des années - à la fois pour moi-même et pour aider d'autres personnes - ce n'est qu'il y a quelques années que je me suis mise à l'écoute de mon corps. Je réalise aujourd'hui qu'il m'a toujours parlé, que je l'écoute ou non. La différence aujourd'hui, c'est que non seulement il me parle encore, mais que je lui parle tous les jours. C'est une communication à double sens.

J'avais l'habitude de me sentir très mal à l'aise dans mon corps. J'avais l'impression d'avoir des insectes sous la peau. J'avais toutes ces énergies d'autres personnes dans et sur mon corps - les réalités d'autres personnes. Je ne m'estimais pas beaucoup et j'avais une longue liste de jugements sur ce que je pensais être. Ce n'est que lorsque j'ai décidé de regarder en moi-même que j'ai découvert que ce n'était pas ce que je mangeais, mais ce qui me mangeait. Je pensais qu'avoir un corps était laid, que le plaisir était honteux, qu'être une femme signifiait être maltraitée. C'est le genre de pensées que j'ai transmises à mon corps que je ne pouvais pas "digérer", et le miroir était que je ne pouvais pas non plus digérer ou métaboliser ma nourriture. Et lorsque votre corps ne peut pas ou ne digère pas ce que vous lui donnez, l'inflammation s'installe et peut entraîner une prise de poids.

Dans mon cas, il s'agissait de la séparation entre l'esprit et le corps, et ce n'est que lorsque j'ai commencé à creuser et à écouter mon corps que les choses ont commencé à changer. *Que signifie cette douleur ? À qui appartient cette douleur ? Quelle décision ai-je prise ? À quelle conclusion suis-je arrivé ? Comment ai-je vécu ma vie et comment ai-je façonné ma vie en fonction de ces décisions et de ces conclusions ? Comment ai-je façonné mon corps en fonction de ces décisions et de ces conclusions ?* Parce que si vous pensez que vous êtes mauvais, mal, mauvais, mauvais, terrible, honteux, effrayant ou laid, votre corps peut refléter ces choses dans son apparence, sa forme, ses formes et ses sensations.

C'est pourquoi je l'appelle le corps du changement, le corps de la possibilité. Lorsque vous changez votre perception, votre corps change pour s'adapter à votre perception. Mais cela ne se produit pas par accident. Vous le libérez en vous engageant et en choisissant d'être un bon ami pour vous-même, d'être une expansion avec vous plutôt qu'une contraction contre vous. Votre corps est alors votre ami, le véhicule à travers lequel vous vivez votre vie, collaborant activement avec vous pour ce qui est le plus expansif, pour vos plus grands désirs, pour ce qui fait chanter votre cœur. Vous avez une nouvelle relation avec vous-même. Vous vous sentez bien sur le plan personnel et professionnel et, comme un super pouvoir, vous entrez en action pour créer votre vie avec plaisir, facilité et joie de vivre.

C'est la promesse et le pouvoir de créer un dialogue et d'ouvrir les lignes de communication avec votre corps, car le problème et le résultat existent dans la communication, dans l'histoire que vous vous racontez.

Lorsque vous changez l'histoire, vous changez le résultat.

Quand on est plein de problèmes, il n'y a pas de place pour l'arrivée de quelque chose de nouveau,

il n'y a pas de place pour une solution. Alors, chaque fois que vous le pouvez, faites de la place, laissez de la place...

— ECKHART TOLLE, *LE POUVOIR DU PRÉSENT*

Notre corps est capable de changer, et il suffit d'un seul choix pour provoquer ce changement, celui d'être en communion - en conversation - avec son corps. Et il ne s'agit pas nécessairement d'un "grand" choix.

LE CHANGEMENT D'UN DEGRÉ

Notre langue est présente dans chaque fil et chaque fibre de notre réalité. Changer un mot

à l'intérieur de nous-mêmes, nous élargissons, contractons ou modifions notre conscience, notre attention, et notre réalité. Les pensées et les conversations des générations qui nous ont précédés continuent d'influencer notre vie.

qui résonnent comme vrais et réels dans nos vies.

— *ROBERT TENNYSON STEVENS*

Si vous êtes prêt à ressentir un seul sentiment que vous n'avez jamais ressenti auparavant dans une situation particulière de votre vie - avec votre père, votre mère, votre patron, votre conjoint ou n'importe qui d'autre - c'est un changement d'un degré. Si vous êtes prêt à mettre des mots sur une chose que vous savez et que vous ne saviez même pas que vous saviez, c'est un changement d'un degré.

Lorsque je travaille avec des clients, je leur demande toujours : "Quel est votre degré de changement actuel ? Quelle est votre intention, une fois que vous aurez terminé cette séance ?". À un moment donné, le changement d'un degré pour moi était : "Quoi qu'il arrive, je vais me rendre heureux aujourd'hui. Et je vais être reconnaissant pour tout." À ce moment-là, je ne savais pas comment être heureux ou reconnaissant pour quoi que ce soit, alors j'ai décidé que c'était mon changement de degré. Ce qui se passait n'avait pas d'importance. Même si c'était nul, j'allais être reconnaissante.

Une autre fois, mon changement de cap a été le suivant : "Quoi qu'il arrive, je vais sortir tous les jours et faire une promenade de trente minutes. Je vais la chronométrer sur mon téléphone, et je ne vais pas faire d'affaires." Bientôt, mes trente minutes sont devenues une heure, puis mon heure est devenue une heure et demie. Je ne voulais pas retourner au travail, mais si je devais y retourner, c'était toujours mieux parce que j'avais de l'espace. C'est ce que fait un décalage d'un degré. Il vous donne de l'espace. Lorsque vous éliminez des croyances telles que je suis une *erreur, que je ne suis pas désiré, que j'ai honte, que je ne suis personne, que je suis une fraude de* votre conscience cellulaire dans votre corps, vous vous sentez plus léger et plus libre. C'est un changement de degré.

En quoi consisterait pour vous un changement de diplôme ? Cela pourrait être aussi simple que de faire face à quelque chose de votre passé (j'ai dit "*simple*", pas "*facile*"). Ou cela pourrait être de reconnaître à quel point vous vous sentez hors de contrôle. Mettez-le dans votre monde. Vous pouvez le dire à haute voix ou le murmurer à vous-même. Ensuite, écrivez-le. Rendez-le réel.

QU'EST-CE QU'UN CHANGEMENT D'UN DEGRÉ POUR MOI ?

Voici une liste d'idées pour commencer la journée avec l'énergie nécessaire pour changer les choses :

- Engagez-vous chaque matin à écrire un changement d'un grade pour la journée.
- Emportez le document écrit avec vous et lisez-le à haute voix plusieurs fois par jour (les fiches se prêtent bien à cet exercice).
- Continuez à vous efforcer de vivre ce changement d'un degré chaque jour.
- *Aujourd'hui, c'est à mon tour d'attribuer une note...*
- *Aujourd'hui, un remerciement est...*
- *Aujourd'hui, une action est...*
- *Pour moi, un changement d'un degré est...*

LE CORPS COMME AMI

Rappelez-vous que Rome ne s'est pas construite en un jour et que ses systèmes de croyance non plus. Si vous avez une histoire depuis trente ans, vous ne vous en débarrasserez probablement pas d'un seul coup. Soyez patient avec vous-même et avec le travail. Une chose sur laquelle vous pouvez compter est que votre corps vous dira la vérité et vous guidera pour sortir du pétrin de votre vie. Quelqu'un m'a récemment fait part de ce qui suit

Votre corps est votre ami intime, un meilleur ami qui ne vous a jamais menti et ne vous mentira jamais. Gardez à l'esprit ces signes d'identité :

Votre corps :

- *est inébranlable dans son engagement envers vous et n'existe que pour vous soutenir dans votre objectif supérieur.*
- *ne se lasse jamais de vous, quelle que soit la manière dont vous la traitez.*
- *vous donne un feedback incroyable, en "imaginant" et en reflétant votre état d'esprit, sans vous juger.*
- *répond à tous vos ordres.*
- *est votre projet, votre création, votre cadeau au monde.*
- *ne vous égarera jamais, ne serait-ce qu'un instant.*
- *est une pure dévotion à votre disposition.*

Souvent, les gens ne veulent pas entrer dans leur corps, car s'ils le font, ils se souviendront du passé, car leur corps se souvient de tout. C'est l'esprit qui ne se souvient pas. Il ne veut pas se souvenir. Mais votre corps se souvient de tout. Une femme avec qui j'ai travaillé dans un atelier a insisté pour rester dans sa tête, peu importe le nombre de fois où elle a demandé à son corps de bien réagir. Elle continuait à dire que c'était "expansif", que c'était son corps, mais je pouvais voir qu'elle répondait à partir de sa tête. Finalement, il s'est ouvert à son corps. Il ne résistait pas volontairement, il était inconscient. Être dans son corps était douloureux parce qu'elle avait incarné une croyance sur le fait d'être laide. Elle voulait éviter d'être blessée et préférait être dans le futur ou dans son esprit plutôt que dans le présent.

En réalité, aussi effrayante qu'elle puisse paraître, la peur elle-même est générée par votre esprit et ne représente que dix pour cent de votre personne. Pour surmonter une telle expérience, il s'agit donc de déplacer votre attention de ces dix pour cent de vous - votre esprit - vers les quatre-vingt-dix pour cent de vous que représente votre corps.

Les sentiments vous rapprocheront plus de la vérité de qui vous êtes que la pensée.

— *ECKHART TOLLE*

Votre corps est un cadeau. C'est une possibilité. Ce n'est pas un manteau mort que vous portez sur vous. Et il vous parlera si vous le laissez faire. Mais vous devez d'*abord* l'écouter, *et* non pas écouter ce que les autres disent.

Car si vous vous concentrez sur votre corps, les choses changeront. Demandez-vous : *qu'est-ce que je sais que je n'ai pas changé et que mon corps aimerait changer ? Qu'est-ce qui me donnerait plus de tranquillité ou de paix ?* Ensuite, écoutez. Et écoutez son énergie, pas seulement la réponse.

Avec le recul, j'ai constaté que c'est l'énergie de l'amour, de l'espace et du sentiment d'être bien dans sa peau, plutôt que les pensées autodestructrices ou les croyances auto-sabotantes, qui a tout changé dans ma façon de voir la vie de l'intérieur vers l'extérieur et de l'extérieur vers l'intérieur. Notre corps est un organisme sensoriel communicant : tout ce qu'il exprime est une communication de quelque chose. La question est la suivante : qu'est-ce que votre corps vous dit exactement ? Une façon de le savoir est de remarquer comment il *se dilate ou se contracte* lorsqu'une pensée lui vient. Posez-vous donc la question suivante : "*Corps, es-tu heureux en ce moment ?*" Que ressens-tu, une expansion ou une contraction ?

OUI OU NON

Considérez votre corps comme une sorte de "méditation sensorielle". Vous pouvez utiliser votre corps pour accéder à des informations dont vous avez besoin et que vous pourriez négliger pour prendre des décisions. Par exemple, j'ai une entreprise internationale et j'entre en contact avec mon corps pour savoir quelles sont les meilleures régions sur lesquelles je dois me *concentrer* : *dois-je me concentrer sur la Turquie, les Pays-Bas ou l'Espagne ?* Si je ressens une douleur ou une tension dans mon corps, ou si j'ai un conflit dans une relation, la première chose que je demande à mon corps, ce sont des questions comme celles-ci :

1. *de quoi refusais-je d'être conscient ?*
2. *Qu'est-ce que j'ai laissé échapper ?*
3. *où mon attention doit-elle se porter maintenant ?*
4. *Comment ai-je pu le voir venir et ne pas y prêter attention ?*

Votre corps, en tant que système d'orientation inné, ne vous laissera pas tomber. Il communique avec vous et a une façon particulière de répondre à vos questions, une façon de dire "oui" ou "non". Le corps ne fait pas de "peut-être". En règle générale, un "oui" vous donnera une sensation d'expansion et un "non" une sensation de contraction dans une partie de votre corps, ou peut-être en général. Chaque personne doit découvrir et cultiver son propre système de "messages". Découvrez ce qui est un "oui" dans votre corps et ce qui est un "non". Normalement, vous sentirez quelque chose dans votre corps et cela sera décrit. Par exemple, vous pouvez ressentir une tension au niveau de l'estomac. Une couleur peut y être associée. Vous pouvez aussi la ressentir dans votre tête ou dans votre cœur. Lorsque vous commencez à vous connecter et à prendre conscience de votre corps, vous pouvez vous rendre compte que vous avez vécu une grande partie de votre vie dans un état contracté. Le grand changement consiste à s'en rendre compte afin de commencer à vivre dans l'expansion et la possibilité.

Un début simple :

Dites votre nom à voix haute.

"Je m'appelle..."

Remarquez-vous où vous ressentez cette connaissance dans votre corps ?

Ce sens est votre "oui".

Dites maintenant : "Je suis une grenouille".

Avez-vous remarqué les réactions de votre corps ?

C'est votre "non".

Jouez avec cela au quotidien.

Bienvenue dans votre véritable système de navigation : votre corps !

Votre vie ne s'améliore pas par hasard, elle s'améliore par le changement.

— *JIM ROHN*

Au fur et à mesure que vous évoluez et changez, vos "Oui" et "Non" changent également. Il s'agit parfois des personnes que vous attirez dans votre vie, du type de vêtements que vous portez ou des activités que vous pratiquez. Les choses auxquelles je dis oui aujourd'hui sont très différentes de ce qu'elles étaient lorsque je buvais de l'alcool, par exemple. Et ce à quoi je dis non aujourd'hui est différent parce qu'il y a une synergie avec ce vers quoi je me dirige. J'ai des objectifs différents en termes de désir et de réalisation. Auparavant, j'essayais simplement de naviguer à travers toutes les façons dont je m'identifiais au monde et les croyances que je portais et qui n'étaient pas conformes à l'empreinte de mon âme.

Lorsque vous vivez séparé et fragmenté de votre corps, tout est séparé et fragmenté. Ainsi, par exemple, si vous essayez de créer quelque chose dans votre entreprise, cela peut aboutir, mais ce sera difficile. Ce sera trop tard, dans la précipitation ou autre chose. Lorsque vous serez plus en accord avec l'empreinte de votre âme, vous attirerez des personnes différentes que vous ne pouviez pas attirer auparavant parce que vous étiez si fragmenté. Nous avons tendance à attirer des personnes qui sont au même niveau ou en dessous de notre propre fragmentation ou déconnexion. Les énergies correspondent à nos luttes et, par conséquent, c'est exactement ce qui apparaît.

SENSIBILITÉ AU MONDE QUI LES ENTOURE

Notre corps est extrêmement sensible au monde qui nous entoure et nous portons l'énergie des autres dans notre propre corps sans nous en rendre compte, mais vous pouvez en prendre conscience à chaque fois que vous décidez de faire une pause et de vous renseigner. Mais vous pouvez en prendre conscience chaque fois que vous décidez de faire une pause et de vous renseigner. Combien de fois vous êtes-vous réveillé très fatigué et de mauvaise humeur, alors que vous vous étiez bien couché et que vous aviez bien dormi ? De quoi s'agit-il ? De quoi êtes-vous conscient ? Qui vous vient à l'esprit en ce moment même, alors que vous y pensez ?

Dans mes ateliers, j'enseigne de nombreuses techniques de guérison énergétique pour aider les gens à dégager et à dissiper ces énergies, ce qui les soulage beaucoup. Plus important encore, ils apprennent à être conscients des connexions elles-mêmes. Une personne s'est réveillée avec une migraine, des douleurs au cou et au dos. En posant des questions comme celles-ci, nous avons pu comprendre l'ensemble de la situation :

- *Qui connaissez-vous ?*
- *Si la douleur pouvait parler, que dirait-elle ?*
- *À qui s'adresse cette douleur ?*

Tout ce que vous vivez n'a pas pour origine une expérience passée. Plus tu t'efforceras de nettoyer ton passé et l'impact qu'il a sur ton présent, plus tu seras en mesure de capter les énergies du monde. Ce que vous ressentez peut être lié à quelqu'un que vous connaissez, ou vous pouvez vous sentir comme un enfant qui souffre en Arabie Saoudite. Nous faisons cela parce que, en tant qu'êtres humains, nous sommes des êtres énergétiques et des organismes sensoriels moléculaires connectés à tout et à tous.

Nous ne faisons qu'un au niveau cosmique. Au lieu de se demander pourquoi il en est ainsi, il est plus bénéfique de se concentrer sur la question suivante : "Que puis-je faire de cette énergie maintenant que je sais qu'elle ne m'appartient pas ? Il existe de nombreuses façons de se débarrasser de l'énergie. Vous pouvez la donner à la terre, l'envoyer à la lumière, lui envoyer de l'amour, vous mettre à genoux et prier, ou la mettre dans un sac. L'important est d'apprendre à discerner entre ce qui vous appartient et ce qui appartient à quelqu'un d'autre. En tant qu'enfant, vous pensez que tout ce que vous pensez et ressentez vous appartient, alors qu'en tant qu'être extrêmement sensible et connecté, vous avez affaire non seulement à votre mère, à votre père, à vos frères et sœurs, à vos oncles et tantes, à vos professeurs... et à Dieu sait qui d'autre à tout moment.

EXERCICE : (JE SUGGÈRE DE LE FAIRE TROIS FOIS PAR JOUR PENDANT 21 JOURS)

1. Notez les messages que vous avez sur votre propre corps. L'objectif est de sortir ces messages de votre tête et de les admettre par écrit. Pour vous aider dans cet exercice, il peut être utile de penser aux commentaires négatifs que vous vous faites dans votre tête. Notez ensuite dix croyances ou phrases à votre sujet.

2. réfléchissez à votre corps physique - l'aimez-vous, pourquoi le critiquez-vous, son poids, son apparence, ses mouvements ? Notez maintenant dix critiques à l'égard de votre corps. Remarque : il peut s'agir de critiques identiques ou similaires à celles mentionnées ci-dessus.

3. Quels sont les "malaises" que vous ressentez dans votre corps ? Êtes-vous sujet aux maladies ? Avez-vous des douleurs constantes ? Souffrez-vous souvent de maux d'estomac ? Avez-vous parfois des difficultés à respirer ? Quand et pourquoi ? Notez maintenant dix maux ou malaises dans votre corps.

4. Fermez les yeux.

5. Placez une main sur le thymus (centre du cœur) et une main sur l'os pubien (bas-ventre).

6. Laissez tomber votre mâchoire tout en respirant par la bouche trois fois.

7. Maintenant, saisissez l'énergie avec vos mains psychiques, et vous pouvez utiliser vos vraies mains pour la lancer...

8. Cinq fois plus bas que terre.

9. Jusqu'au ciel cinq fois.

10. Devant vous cinq fois.

11. Inspirez maintenant trois fois par la bouche.

12. Développez-vous et touchez les quatre coins de la pièce dans laquelle vous vous trouvez avec vos mains sur votre thymus et votre os public, en sentant vos pieds sur le sol.

13. S'étendre aux quatre coins de la ville où l'on se trouve.

14. S'étendre aux quatre coins de l'État dans lequel vous vous trouvez.

15. S'étendre aux quatre coins du pays où l'on se trouve.

16. S'étendre aux quatre coins de la terre, comme s'il y avait quatre coins de la terre.

17. S'étendre aux quatre coins de l'univers, s'il y en a.

18. Vous avez remarqué la différence ? Qu'y a-t-il de nouveau ?

19. Ecrivez et/ou dites ce qui suit en gardant les mains sur le thymus et le pubis :

20. j'ai changé !

21. je sais que j'ai changé !

22. je sais que j'ai changé parce que...

GUÉRIR LA DÉCONNEXION

Les êtres humains ont désormais la possibilité de passer d'une vie centrée sur la peur et alimentée par l'adrénaline à une vie pleinement intelligente sur le plan corporel. L'intelligence corporelle élargit notre perspective au-delà de la peur, jusqu'à la riche sagesse ancestrale que nous abritons dans nos cellules.

— GAY HENDRICKS

La confiance en soi et en la sagesse de son corps n'est possible que lorsque l'on cesse d'être dans l'univers des autres et de se juger à travers les yeux des autres. Vous n'avez pas à justifier votre valeur ou votre mérite.

Pendant longtemps, j'ai ressenti le besoin de dire aux gens ce que je faisais ou quelle certification j'obtenais, et cela venait de ce qui me ferait accepter, de ce qui me ferait obtenir une promotion, de ce qui me donnerait l'impression que j'avais raison, que j'étais bon ou meilleur. Ce n'est que lorsque j'ai été capable d'arrêter de regarder du point de vue des autres que j'ai trouvé le mien. Et cela ne s'est pas fait du jour au lendemain, cela a commencé avec ce moment passé devant l'ordinateur à parler à mon corps.

J'ai commencé à explorer et à cultiver mes relations d'une manière différente, en me concentrant d'abord sur les relations personnelles, celles qui sont "à l'extérieur". J'ai ensuite examiné attentivement mes relations "intérieures" : ma relation avec moi-même, ma relation avec ma santé, ma relation professionnelle avec l'argent, mes finances personnelles et ma relation avec l'argent. Je me suis plongé dans la question suivante : *suis-je heureux ?* Comme prévu, j'ai découvert que je n'étais pas heureux. Et je n'étais pas heureuse de ce que je créais et de la manière dont je le faisais.

Si vous êtes une personne malheureuse, mais que vous ne l'avez pas avoué et que vous avez fait de votre mieux pour en ignorer les raisons, vous avez de la compagnie. La complaisance a ses avantages, du moins jusqu'à ce que quelque chose nous secoue. L'année 2020 en est un bon exemple : une pandémie mondiale a contraint les gens à rester chez eux. Nous sommes restés coincés à la maison avec les personnes avec lesquelles nous vivons. Dans ces circonstances, il est très difficile d'ignorer comment ils sont avec vous et comment vous êtes avec eux... ou comment vous êtes avec votre corps et comment votre corps est avec vous... ou comment vous êtes avec vos amis et, en fait, sont-ils vraiment des amis ? Soudain, vous ne pouvez plus ignorer ce qu'il y a sur votre compte en banque et ce qu'il n'y a pas. Vous ne pouvez plus ignorer les cauchemars, alors qu'auparavant vous pouviez les éloigner en vous occupant, en faisant et en évitant. Vous ne pouvez pas ignorer la frustration que vous ressentez à l'égard de votre mère ou de votre père, ni la douleur et la dévastation que vous ressentez parce qu'ils ne sont plus là et l'influence que cela a eue sur votre vie.

Mais si vous voulez changer votre vie, vous ne pouvez plus faire confiance et tolérer ces situations du passé. Ce travail porte sur le thème "Je n'aime pas ma vie et je veux la changer". Vous pouvez aimer quelque chose dans votre vie, mais vous devez être impitoyablement honnête pour affronter et créer différemment n'importe quelle partie de votre réalité.

Répondez à ces questions :

- *Nommez la partie de votre vie que vous n'aimez pas*

- *et engagez-vous à faire tout ce qu'il faut pour la changer.*
- *Nommez la partie de votre comportement que vous n'aimez pas et engagez-vous à faire tout ce qu'il faut pour la changer.*
- Faites votre choix maintenant. Affirmez-le à haute voix.
- *Je choisis...*
- Maintenant, quelle est votre action pour suivre votre choix ? Peu importe ce que c'est. Le plus important est qu'il y ait une action.
- *I...*
- Citez une gratitude que vous avez en ce moment...
- *Je suis reconnaissant parce que...*
- *Je suis reconnaissant pour...*
- *Je suis reconnaissant pour...*
- Maintenant, regardez votre corps...
- Salutations...
- Faites-vous un câlin.
- Dites : "Je t'aime".
- Dites : "Merci, Corps".
- Maintenant, soyez géniaux.
- Et c'est toujours toi.

Lorsque j'ai découvert que j'étais allergique à l'alcool et que j'ai pris la décision d'arrêter de boire, j'ai dû apprendre à vivre sans cette béquille au quotidien.

Cette solution a été remplacée par les 1st Shifts™ chaque jour. Il y avait maintenant un espace pour voir les choses qui pourraient être meilleures. Avant, j'aurais aimé boire un verre et ne rien voir. L'alcool ne me manquait pas - mais je ne voulais pas non plus passer à côté de ma vie, ou de la responsabilité, du contrôle et de la création de ma réalité. Ce désir m'a conduit à trouver ou à développer des outils et des techniques pour m'aider à sortir de la cage et du cercle vicieux des quatre D.

OUTILS ET TECHNIQUES POUR SE LIBÉRER DE LA CAGE

1. LA TECHNIQUE DU RUGISSEMENT

La technique Roar® est une technique somatique qui permet d'éliminer les traumatismes du passé de manière verbale, énergétique et somatique. Elle supprime les limitations, ces croyances inconscientes que vous ne connaissez pas et qui vous rendent malade. C'est un outil que vous pouvez utiliser chaque jour de votre vie, si vous le souhaitez, pour vous libérer de la douleur et de l'inconfort. J'aime utiliser l'analogie du four autonettoyant : vous n'avez pas besoin d'attendre que quelqu'un le fasse à votre place. Parfois, je dis à mes clients qu'ils peuvent aller dans la salle de bains, travailler la technique et, hop, ressortir de la salle de bains, retourner au travail et garder leur emploi. Et parfois, étonnamment, c'est ce qu'ils font.

La version abrégée de la technique Roar® est la suivante :

1. *Quelle est la situation actuelle ?*
2. *Que proposez-vous ?*
3. *à quoi se rapporte-t-il ?*
4. *Oh mon Dieu, c'est ce que j'ai décidé - c'est le système de croyances.*
5. *Je ne veux pas le faire maintenant, comment puis-je le changer ?*
6. *de quoi êtes-vous reconnaissant ?*
7. *Passez à l'action : effectuez le 1st Shift ™.*

Plus vous faites ce travail, plus vous l'intériorisez, de sorte qu'en fin de compte, lorsqu'une douleur apparaît, il vous suffit de poser une question telle que : "Corps, qu'est-ce que tu essaies de me dire ? Ensuite, vous laissez vos émotions sortir de leur cage. Rappelez-vous que l'émotion est de l'énergie en mouvement, il n'est donc pas nécessaire de vous arrêter net, de maintenir votre corps rigide et tendu ou d'adopter les quatre D (déni, défense, désengagement, dissociation) et d'essayer d'ignorer tout ce qui se passe. L'objectif est d'apprendre à rester dans le présent.

"Il est facile de rester présent en tant qu'observateur de son esprit lorsqu'on est profondément enraciné dans son corps. Peu importe ce qui se passe à l'extérieur, rien ne peut plus vous ébranler".

— *ECKHART TOLLE*

2. LES QUATRE S ET LES QUATRE C

Comme un petit oiseau qui a été au nid et qui est prêt à partir, nous avons parfois besoin de trouver nos ailes pour faciliter notre envol vers la liberté. C'est le rôle des quatre E (embrasser, examiner, incarner et élargir) et des quatre C (choisir, s'engager, collaborer avec l'univers et créer). Comme dans une belle danse, vous êtes guidé d'abord par l'un, puis par l'autre pour vous aider à sortir du cycle des quatre D (voir chapitre 2).

Je vais d'abord vous expliquer ce que signifie chacun des quatre E, puis les quatre C, et enfin vous donner un exemple de la façon dont tout cela fonctionne et peut s'enchaîner pour vous faire sortir de la cage et vous donner la liberté de créer.

LES QUATRE E

EMBRASSER, C'EST RECONNAÎTRE LA PRÉSENCE DE QUELQUE CHOSE ET ÊTRE AVEC.

Quoi qu'il arrive, vous êtes prêt à y faire face et à le ressentir. Vous l'accueillez et le laissez s'installer dans votre conscience sans jugement. C'est une forme d'acceptation de ce qui se passe et de ce que vous ressentez dans votre corps à ce moment précis.

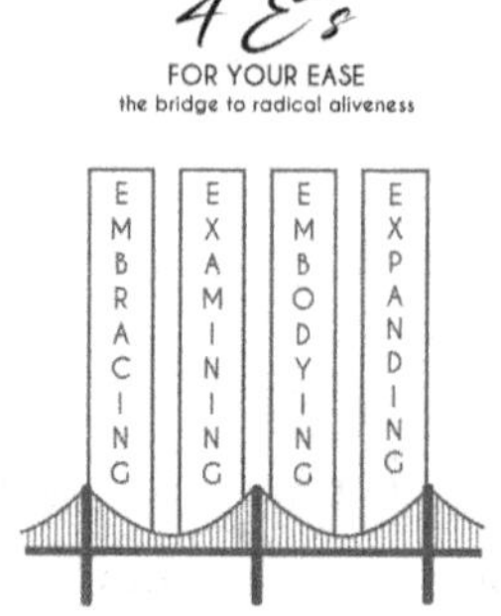

Il s'agit d'une honnêteté rigoureuse, d'une ouverture et d'une volonté de connaître sa vérité et de vivre selon et pour elle avec facilité. Personnellement, c'est le travail le plus profond, le plus riche et le plus difficile que j'ai eu à faire. Mais maintenant, cela en vaut la peine.

Citez une chose que vous avez refusé de prendre dans vos bras en ce moment.

EXAMINER, C'EST POSER DES QUESTIONS ET PRENDRE CONSCIENCE DE CE QUI SE PASSE ET DE CE QU'IL FAUT FAIRE POUR CHANGER LES CHOSES.

Il s'agit d'explorer ce que votre corps ressent à ce moment-là : une plongée profonde dans l'investigation, qui ne laisse aucune pierre non retournée. Vous êtes prêt à écouter et à recevoir la réponse.

Nommez la conscience de ce que vous êtes en train d'EXAMINER.

INCORPORER, C'EST INCLURE OU DONNER UNE FORME OU UNE EXPRESSION VISIBLE À QUELQUE CHOSE.

Il s'agit d'inclure sa vérité et de communier avec son corps. C'est là que la possibilité d'être soi-même est un choix plutôt qu'un simple espoir ou un rêve. C'est une ouverture vers une nouvelle réalité, et vous commencez à vous en rapprocher. Vous vous sentez mieux, plus léger et moins dense.

Nommez ce que vous sentez EMBOÎTER en ce moment.

S'ÉTENDRE, C'EST CHOISIR - CHOISIR D'OCCUPER L'ESPACE QUI EST LE *VÔTRE* POUR VIVRE ET ÊTRE PLEINEMENT.

Vous n'êtes plus dans la cage. En élargissant votre énergie en tant qu'espace, vous donnez à votre corps ce dont il a besoin pour être à l'aise. Au lieu de vous contracter pour retourner dans la cage, vous élargissez et réclamez votre espace en tant qu'être qui choisit de vivre libre. Vous prenez conscience que vous existez et que vous avez la possibilité de choisir une vitalité radicale. Ce changement de degré, encore et encore, crée la vie dont vous avez toujours su qu'elle était possible dans la réalité, et non dans les souhaits ou les fantasmes.

Indiquez comment vous avez l'impression de vous EXPANSIONNER en ce moment.

LES QUATRE C

Le choix, c'est chaque fois que vous choisissez à partir de la légèreté de ce qui est vrai pour vous, que vous vous donnez la permission de reconnaître ce que vous choisissez plutôt que d'autres personnes ou d'autres facteurs dans l'univers qui imposent des choix à votre corps et à votre vie. Choisir exige que vous reconnaissiez ce que vous voulez, que vous nommiez et déclariez ce qui est en fait votre choix. Choisir peut demander du courage, car vous reconnaissez vos propres désirs, même s'ils sont en conflit avec ceux des autres. Choisir, c'est s'aimer soi-même.

S'engager, c'est planter un pieu dans le sol par ses actions. Vous dites : "Voilà ce que j'exige de moi-même. Voilà ce que je ne tolérerai plus". Pour s'engager, il faut en prendre conscience et savoir ce que l'on fait ici. Ensuite, peu importe ce qui se passe, vous l'accueillez. L'engagement est l'action qui suit votre choix. Il anime votre être, votre corps et actualise l'être.

Collaborer, c'est l'univers qui dit : "Woohoo ! nous avons maintenant quelque chose à faire. Donnons-le vous. Collaborer, c'est aussi être avec soi-même. Vous changez la conversation négative et vous vous encouragez continuellement à agir et à avancer vers ce que vous avez choisi. Vous recherchez également des personnes ou des situations qui soutiennent votre choix et votre engagement, en vous entourant d'énergie et de personnes qui pensent que vous méritez de choisir. Collaborer peut également signifier éviter consciemment de collaborer avec des personnes qui ne soutiennent pas vos choix et qui tentent d'entraver votre engagement et vos actions. Vous vous éloignez de ces personnes ou vous apprenez à reconnaître que leurs paroles sont souvent fausses.

Créer, c'est vivre radicalement. La création est cet état expansif et vivifiant dans lequel vos décisions s'enchaînent. Vous vous êtes engagé et avez mis en place un réseau de soutien collaboratif. Vous aimez maintenant prendre les mesures qui concrétisent vos choix dans votre vie. Parce que vous avez travaillé sur les trois premiers C, vous avez de l'espace dans votre être pour vous attaquer aux tâches, et votre énergie est concentrée sur l'action plutôt que sur l'évitement. C'est le 1st Change™ en action et c'est étonnamment joyeux et valorisant.

Le cadre des quatre E et des quatre C est conçu pour vous amener à choisir au-delà de ce que vous avez vécu et créé, à choisir une vitalité radicale pour vous-même et à savoir qu'il s'agit d'une possibilité absolue. Ce n'est plus seulement un espoir. Vous pouvez le sentir dans votre corps. Pourquoi ? Parce que vous avez choisi de parler, d'être honnête et de vous engager à écouter, de ne pas taire votre colère et vos émotions. Vous avez laissé l'univers collaborer, conspirer et vous bénir. Vous êtes passé à la création consciente. C'est un nouveau cycle positif, constructif et ascendant dans lequel vous voulez être, plutôt que le cycle destructeur des quatre D. Vous sortez de la cage en choisissant une vitalité plus radicale - et c'est là que vous voulez rester. La vitalité est l'énergie de l'âme imprimée en vous.

PRATIQUES QUOTIDIENNES

Votre corps sait qu'il est soigné, et vous le faites en prenant du temps pour vous, en vous donnant la priorité. La plupart d'entre nous se lèvent, prennent une tasse de café, une douche et se précipitent pour vaquer à leurs occupations. Nous nous sentons stressés dès le début de la journée. Votre corps appréciera vraiment que l'on prenne soin de vous comme si vous étiez des amis. Les 1st Daily Shifts™ sont un moyen d'y parvenir.

1. STATION DE CRÉATION

La méditation est bénéfique pour nous : la science l'a prouvé. Pourtant, le fait de s'asseoir les yeux fermés et de respirer pendant un certain temps ne convient pas à tout le monde. Heureusement, il existe de nombreuses façons de méditer. Il suffit de trouver celle qui vous convient le mieux. J'ai une routine matinale que j'appelle ma "station de création". Elle fait la même chose que les autres formes de méditation : elle ouvre un espace en moi où je peux écouter mon corps me parler, ce qui me permet de choisir consciemment ce qui fonctionne pour moi et mon corps chaque jour.

La plupart d'entre nous n'ont jamais appris à choisir. Nous avons grandi en faisant ou en réagissant à ce que notre mère, notre père ou nos professeurs voulaient que nous fassions, que cela nous plaise ou non. Pour certains, comme moi, des parents autoritaires ont planifié notre vie : où aller à l'école, quels diplômes obtenir. Il ne nous vient pas à l'esprit que nous pouvons créer chaque jour, que nous sommes une possibilité et que nous pouvons la choisir chaque jour.

Je commence par allumer des bougies avant de m'asseoir à mon poste de création. Je me concentre toujours sur trois choses : quelque chose pour mon corps, mon entreprise et quelque chose de personnel. Lors de la préparation d'une opération récente, par exemple, j'ai consulté un de mes livres d'"anges" avec des prières et je les ai écrites pour faciliter la guérison physique. Ou bien je m'engage à faire quelque chose de simple :

Aujourd'hui, quoi qu'il arrive, je serai reconnaissant.

Aujourd'hui, quoi qu'il arrive, je serai vulnérable.

Aujourd'hui, quoi qu'il arrive, je respirerai chaque fois que je me sentirai frustré.

J'ai une autre pratique lorsque je sens que je suis sur le point de perdre le contrôle en mangeant trop de sucre pour me ramener à la conscience que je dois faire en sorte que mon corps se sente mieux. Je place ma main sur mon thymus et mon pubis, je ferme les yeux et je respire. Puis je demande : "Lisa, qu'est-ce qui te manque ? ou "Qu'est-ce qui te manque ? La réponse qui vient le plus souvent est quelque chose comme moi qui te manque, moi qui te manque, moi qui te manque. La nostalgie est évitée. Honneur activé.

D'autres activités pourraient être organisées :

1. Lire les réflexions quotidiennes
2. Choisir un ange ou une carte énergétique
3. Agenda
4. Posez des questions :

Body, qu'aimerais-tu [porter, faire, manger, participer aujourd'hui] ?

Qu'est-ce qui ferait chanter mon cœur aujourd'hui ?

Si je choisis cela, qu'est-ce que cela va créer ?

Est-ce que cela crée la vie que je veux ?

Pourquoi faire des affaires ?

Que voudrais-je choisir et qui voudrais-je être aujourd'hui ?

L'important est de ne pas cesser de s'interroger.

La curiosité a sa propre raison d'être.

— *ALBERT EINSTEIN*

Quoi que je décide de créer, ou chaque fois que je demande quelque chose, je termine toujours par ma phrase préférée : "Je ne sais pas comment... je sais que cela se fera". Je l'utilise pour tout. Si j'ai besoin de quelqu'un pour occuper un poste dans mon entreprise, ou si j'aimerais avoir trois nouveaux clients ou plus d'argent, je peux ajouter : "Cela me vient facilement. Univers, montre-moi. Je suis reconnaissant et comblé. Et c'est ainsi. Et cela vient toujours.

Vous pouvez créer vos propres pratiques 1st Shift™ pour le bien-être ou pour vivre radicalement vivant. Il peut s'agir de quelque chose d'aussi simple que de s'asseoir sur le balcon et de profiter du soleil. L'essentiel est d'avoir une pratique qui fonctionne pour vous et de la laisser changer au fur et à mesure que vous changez - une pratique quotidienne - pour vérifier avec votre corps, et pour actualiser tout ce sur quoi vous voulez vous concentrer ce jour-là ou créer dans le futur. Nous avons une drôle de façon d'oublier, c'est pourquoi la répétition et l'action vous permettront de vous souvenir des quatre C : Choisir, S'engager, Collaborer, Créer. Chaque matin, je me choisis en premier. Je m'engage à le faire chaque matin, et l'univers collabore avec moi et le crée pour moi et avec moi, et je le fais pour moi. Je suis alors prêt à travailler le reste de la journée. Je ne suis jamais une victime, je suis toujours une créatrice et une créatrice consciente avec mon incroyable corps de changement.

2. LA BOÎTE DE L'UNIVERS

Nous ne sommes pas obligés de tout faire nous-mêmes, et cette pratique nous le rappelle. À tout le moins, elle peut vous sortir de l'état d'esprit qui consiste à trop réfléchir ou à trop planifier. Les miracles se produisent et, oui, il faut parfois se poser la question : pourquoi ne pas laisser l'univers travailler avec vous ?

Pour ce 1er Shift™, écrivez ce que vous voulez créer ou désirez, puis mettez le papier dans votre Universe Box. Je la vois comme un chaudron qui mijote. Vous savez qu'il est en train de cuire et qu'il a juste besoin d'être remué de temps en temps. Je donne de l'énergie à mon désir en sachant qu'il est là, mais je ne le lis pas et je n'y prête pas attention tous les jours. Je ne sais pas quand il apparaîtra, mais je sais qu'il apparaîtra.

3. LIBÉRER LES ÉNERGIES DES AUTRES

Asseyez-vous avec vous-même pendant cinq à quinze minutes et posez-vous les questions suivantes :

Quelles croyances suis-je prêt à abandonner ?

Quels jugements sur mon corps ont été épuisés ?

Quelle personnalité suis-je devenue qui n'est pas ma vérité ?

Ensuite, excusez-vous auprès de votre corps d'avoir pris l'énergie des autres et de l'avoir ignorée. Vous pouvez également écrire une lettre à votre corps et la brûler ou la lire à un ami qui ne vous jugera pas. Vous pouvez aussi vous promener dans les bois et crier à tue-tête que vous ne laisserez plus les autres s'emparer de votre corps. Libérez-vous de la manière qui vous semble la plus appropriée. Commencez là où vous êtes et commencez aujourd'hui. Fermez la porte de derrière, plantez un pieu dans le sol et dites : "Non, je vais dire non".

4. TROUVER LA GRATITUDE

J'adore les messages de remerciement. L'une de mes préférées consiste à dire à quelqu'un - votre partenaire, un ami, voire une connaissance - trois choses pour lesquelles vous êtes reconnaissant. C'est une merveilleuse façon de terminer la journée et, surtout avec votre partenaire, cela peut vous relier l'un à l'autre et au monde en général.

Un autre rituel consiste à reconnaître et à remercier pour les choix que vous avez faits lorsque vous étiez gelé ou que vous reteniez quelque chose dans votre corps auparavant, et que vous êtes maintenant libre. Je commence par respirer dans mon corps et le remercier, en lui permettant de me faire prendre conscience de quelque chose pour lequel je suis reconnaissante. Comme il y a toujours un cadeau sous le schéma de maintien, la tragédie, le traumatisme, le sabotage, la limitation ou la douleur, vous pouvez aussi le demander directement à votre corps :

Qu'est-ce qui vous plaît le plus ?

Quel est le cadeau ?

Pourquoi est-elle si précieuse ?

Qu'est-ce que j'y gagne ?

Qu'est-ce que cela m'apprend ?

Qu'est-ce que j'apprends ?

Puis reconnaissez que c'est fait et que vous avez choisi différemment. Remerciez votre corps pour la prise de conscience et remerciez les personnes et les acteurs pour leur participation à la leçon. Vous n'avez plus besoin de participer à la leçon. Honorez votre expérience. Soyez reconnaissant, changez de degré et passez à autre chose.

5. SI VOTRE CORPS POUVAIT PARLER JOURNAL

Dans la plupart des journaux intimes, tout tourne autour de vous, mais dans ce rituel, il s'agit de votre corps, alors laissez-le parler. Mais dans ce rituel, il s'agit de votre corps, alors laissez-le parler. Que dirait votre corps ? C'est ce que vous voulez découvrir. En écrivant du point de vue de votre corps, au lieu d'écrire : "Je déteste mon corps", vous écrirez : "Mon corps déteste [remplissez le blanc]". Pour commencer, je pense qu'il est utile de commencer par écrire : "Si mon corps pouvait parler, il dirait...", puis de se laisser aller.

Si mon corps pouvait parler, il dirait....

Je t'en veux de m'avoir gavé de nourriture.

Je vous en veux de ne pas m'avoir donné assez d'eau.

Je suis en colère contre toi parce que tu as couché avec cette personne qui te traite mal.

Je t'en veux de rester dans cette relation alors que je t'ai dit que je ne me sentais pas bien avec cette personne.

6. DÉPLACEMENT DE L'ÉNERGIE

Je constate que lorsque je suis de mauvaise humeur et que les doutes tourbillonnent dans mon esprit, mon corps se sent plus lourd, plus dense et plus gonflé. Si j'ai une idée et que je ne l'expose pas, mon corps se gonfle. En revanche, si j'en fais quelque chose, mon corps est plus maigre et moins gonflé. La graisse est une énergie utilisée contre nous. Elle stocke nos limites et crée de la densité et de la lourdeur dans le corps, ce qui retourne notre esprit contre notre corps. Ainsi, bien que presque tous les rituels d'enquête sur ce qui se passe modifient votre énergie, votre corps a parfois besoin et veut de l'exercice pur - du mouvement physique. Cela peut aller de la méditation marchée au yoga en passant par la musculation. L'objectif est de reconnaître que, quelle que soit la manière dont vous déplacez l'énergie, intérieurement ou extérieurement, le fait d'entrer dans le présent a le pouvoir de produire des changements profonds. En outre, le poids de votre corps change souvent lui aussi.

Lorsque vous entrez dans la conscience de votre corps, attendez-vous à ce que les choses changent. Attendez-vous à ce que ce que vous désirez change. Attendez-vous à ce que ce que vous mangez change. Attendez-vous à ce que vos activités changent. Attendez-vous à ce que tout change. Car c'est bien de cela qu'il s'agit.

Vous changez. Décidez donc de lâcher prise, de changer et de permettre à votre corps changeant d'être.

EXERCICES

L'un des objectifs de ce chapitre est de proposer des pratiques que vous pouvez intégrer dans votre vie et votre corps. Voici un récapitulatif des suggestions à réaliser en tant qu'"exercices" :

1. pratiquez votre propre Creation Station™. Il peut s'agir d'un temps quotidien consacré à la lecture de cartes d'inspiration ou de passages de livres, puis à la tenue d'un journal à leur sujet afin de s'aérer l'esprit et de recentrer sa pensée.

2. Créez votre propre boîte à univers. Vous pouvez l'appeler comme vous le souhaitez. Vous pouvez également la décorer d'une manière qui vous plaît. Créez de petites cartes et libérez-les en imaginant les choses que vous voulez manifester dans votre vie. Il peut s'agir d'une nouvelle carrière, du début d'une relation, de l'abandon de la colère envers une personne de votre vie, et la liste est infinie. L'Universe Box est votre canal privé pour partager vos demandes avec l'univers.

3. Identifiez les sensations dans votre corps qui indiquent que vous vous chargez des problèmes des autres ou d'énergie négative. Apprenez à reconnaître ces sentiments et créez un processus pour vous en éloigner. Si votre corps devient tendu et que des douleurs apparaissent au hasard, vous pouvez vous rendre dans un endroit calme, fermer les yeux et répéter une phrase ou un mantra pour vous rappeler que vous n'êtes pas obligé de vous charger de leurs problèmes. La respiration profonde et les étirements peuvent également faire partie de votre rituel, et lorsque vous expirez avec force, vous imaginez que l'énergie négative quitte votre corps.

4. Adoptez la gratitude au quotidien. Un calendrier hebdomadaire de deux pages peut être un excellent moyen d'écrire au moins trois choses pour lesquelles vous êtes reconnaissant chaque jour. L'utilisation d'un calendrier vous aidera à suivre ce processus chaque jour, et il vous sera également utile de revenir en arrière et de relire votre gratitude passée.

5. Écrivez dans votre journal la phrase "Si mon corps pouvait parler, il dirait...". Ce type de journal vous aidera à vous reconnecter à ce que votre corps ressent au lieu d'ignorer les messages qu'il essaie de vous envoyer.

6. Créez une pratique de mouvement physique pour libérer l'énergie. Il peut s'agir d'une promenade à l'extérieur, d'une danse dans le salon ou d'un coup de poing sur un oreiller. Donnez-vous chaque jour la permission de vous débarrasser de la négativité qui s'accumule dans votre corps.

7. Répétez ces trois affirmations à haute voix plusieurs fois par jour :

8. "Beau travail, toi ! Bravo, Body !"

9. "Vous êtes formidables !

10. "Maintenant, tous les deux, vous allez être géniaux !"

LA CLÉ DE LA GUÉRISON

Chaque corps a une feuille de route différente, et en devenant intime avec ce que notre propre corps nous demande, nous libérons notre médecin intérieur. C'est grâce à ce niveau d'alimentation tout au long de notre vie quotidienne que la régénération cellulaire prolifère.

— GAY HENDRICKS

Ernest Holmes, chef de file de la Nouvelle Pensée et fondateur de la Science Religieuse, a écrit dans son ouvrage classique, *La Science de l'Esprit,* que la "définition fondamentale de la guérison est le "soin"". Il affirme : "Tant qu'une cellule est vivante, c'est-à-dire tant qu'une personne est vivante, les cellules du corps répondent aux soins". Une notion aussi simple, et pourtant, nous sommes devenus une société qui fuit le mot "guérison". Pourtant, si nous comprenions mieux ce que signifie le mot "soin" et si nous l'appliquions à nous-mêmes, nous serions beaucoup plus proches de la vérité de la guérison.

J'ai une plante à côté de mon bureau. C'est la seule plante que j'ai réussi à garder en vie. La première année où je suis allé aux Alcooliques Anonymes, ils m'ont dit d'acheter des plantes et de voir si je pouvais les garder en vie, puis d'acheter un chiot, puis une relation. Vous voyez la tendance ? Pourquoi ? Parce que vous apprenez à être avec vous-même. Vous apprenez à être avec vous-même pour la première fois, sans la solution, la drogue, l'alcool, etc. Vous commencez par vous mettre en rapport avec la plante. Vous devez lui prêter attention. Il faut l'arroser. Il faut la tailler. Il faut couper les feuilles mortes. Lorsque vous consommez de l'alcool, des drogues ou quoi que ce soit d'autre pour vous endormir, vous ne faites attention à rien. Vous êtes dans un autre monde. Et vous êtes très égocentrique et narcissique, avec une crise après l'autre, en train d'éteindre constamment des incendies.

En m'occupant de ma plante, j'ai appris que des études scientifiques montrent que si l'on parle aux plantes, elles vivent plus longtemps. Je me suis dit : *pourquoi ne pas parler à mon corps ?* J'ai donc commencé à lui parler.

Si j'étais à la maison, j'éteignais la musique et j'étais simplement avec moi-même, ou sur le chemin du travail, dans la voiture, je faisais comme si mon corps était sur le siège à côté de moi et je lui demandais : "Comment vas-tu ? L'effet était profond. Cette question simple mais directe a commencé à briser la solidité de mon monde, qui me séparait de mon corps et ne me permettait pas d'être en bons termes.

FAITES-VOUS DES AMIS

Le corps du changement est en fait l'énergie qui vous permet de vous aimer, d'être un bon ami pour vous-même, de vous éloigner de toute autre réalité énergétique psychique qui dit : "Si vous avez ceci [certification, formation, argent, réussite, reconnaissance, ou appartenance à ce groupe, remplissez le vide], cela signifie que vous êtes bon et que vous avez de la valeur". Peu importe les changements que vous apportez si vous avez toujours un programme qui tourne en arrière-plan et que vous ne vous estimez pas ou ne croyez pas que vous êtes digne de quoi que ce soit. Jusqu'à ce que ces programmes changent, vous êtes l'énergie de cette indignité, que vous le sachiez ou non. C'est comme si vous aviez une structure physique à l'intérieur de votre corps qui s'appelle : "Je ne mérite pas". Et c'est exactement ce qui vous sera renvoyé dans toutes vos relations. Et rien ne changera cette réalité fondamentale - rien de ce que quelqu'un dit ou fait, aucune éducation, aucune formation, aucune licence, aucune somme d'argent, *rien ne* changera si vous ne changez pas cette croyance fondamentale à votre sujet.

À un moment ou à un autre, vous atteignez un point où vous devez avoir un certain respect et une certaine considération pour vous-même. La façon dont vous vous considérez détermine la façon dont vous vous comportez avec le monde et la façon dont le monde réagit à votre égard. Dans de nombreux textes spirituels, on vous exhorte à aimer les autres comme vous vous aimez vous-même. Dans quelle mesure aimez-vous ce que vous êtes ? Je me souviens que mon cousin Johnnie, qui avait choisi la sobriété trois ans avant moi, m'a dit (il faut l'imaginer avec sa grosse voix de Tony Soprano du New Jersey) : "Lisa, quoi que tu fasses, sois une bonne amie pour toi-même". Et c'est tout. Je ne savais même pas ce que cela signifiait. Je n'avais aucune idée de comment, alors j'ai commencé à me poser ce genre de questions à propos de tout ce que je faisais :

1. *S'agit-il d'être un bon ami pour moi-même ?*
2. *Si je mange cela, suis-je un bon ami pour moi-même ?*
3. *Si je ne vais pas à la salle de sport, suis-je un bon ami pour moi-même ?*

4. *Si je sors avec cette personne, suis-je un bon ami pour moi-même ?*

5. *Si je sors avec cette personne, suis-je un bon ami pour moi-même ?*

6. *Si j'achète un chiot, suis-je un bon ami pour moi-même ?*

7. *Si j'achète une plante, suis-je un bon ami pour moi-même ?*

8. *est-ce que je veux vraiment continuer à faire cela, et est-ce que c'est être un bon ami pour moi-même ?*

Il est si facile pour nous de penser, *oh, j'aime ça, oh, et j'aime ça.* Mais se demander si l'on s'aime soi-même ? C'est plus difficile. Je n'avais pas de point de référence pour cela. Je dépendais de l'opinion des autres pour déterminer ma valeur. Le fait de se remettre en question à chaque instant permet de mettre les choses devant soi et de les voir plus clairement. Vous pouvez l'examiner d'un point de vue que vous appréciez. Si vous vous appréciez, même si vous ne vous êtes jamais apprécié, vous pouvez prendre une nouvelle décision et savoir qu'elle changera les choses.

Au début, il est bon de poser constamment des questions sur tout ce que vous faites ou envisagez de faire, même au niveau le plus banal. Par exemple, je ne cuisine pas. Je n'aime pas me mettre à la cuisine et me préparer quelque chose. J'aime que les personnes qui aiment cuisiner me préparent à l'avance des repas que mon corps apprécie, de sorte qu'ils m'attendent dans le réfrigérateur. Tout ce que je veux, c'est les réchauffer. Avant, je ne faisais pas attention et je mangeais ce qui était disponible. Je ne prenais pas suffisamment soin de moi pour donner à mon corps ce dont il avait besoin pour m'entretenir et me soutenir. La nourriture était laissée au hasard et je me suis vite retrouvée à manger de la malbouffe et à ne plus faire attention à rien.

Lorsque vous commencerez à réussir, vous saurez plus clairement ce que vous voulez. Vous commencerez à savoir ce que c'est et ce que ce n'est pas d'être un bon ami pour vous-même. Il y a quelque temps, j'ai eu une assistante personnelle/cuisinière personnelle qui était très amusante, mais qui buvait et oubliait des choses. Lorsqu'elle oubliait des choses, elle devenait irrationnelle. Dans ma tête, je me suis dit : *"Je connais ce comportement. Je sais d'où il vient. J'aime beaucoup cette personne. Nous nous amusons beaucoup ensemble et j'aime sa nourriture.* J'ai donc continué un peu jusqu'à ce que cela devienne vraiment insupportable. J'ai réalisé que je n'étais pas un bon ami pour moi-même.

J'ai fait le changement et je l'ai laissée partir. Même après, j'étais tentée de la faire revenir "juste pour un mois ou deux, jusqu'à ce que je trouve quelqu'un". Mais lorsque je me demandais : "Es-tu un bon ami pour toi-même ?", je sentais l'énergie dans mon corps qui disait :

"Bon sang non, ne reviens pas". La question était transférée à la conscience de mon corps et celui-ci m'informait de ce qu'il fallait faire. Bien sûr, mon esprit répondrait : "Oh mon Dieu, elle me manque", ce à quoi je répondrais : "Ça a l'air bien, mais non, tu sais comment ça va se terminer, tu sais comment ça va se terminer. Ne le fais pas, vas-y et fais ce 1st Shift™ ! *Je ne sais pas comment... je sais que ce sera le cas. Univers, show me....*

Quand j'ai commencé à m'aimer
Lorsque j'ai commencé à m'aimer, j'ai découvert que
l'angoisse émotionnelle et la souffrance
sont des signes avant-coureurs que je vivais à l'encontre
de ma propre vérité.
Aujourd'hui, je sais que c'est l'AUTHENTICITÉ.
Lorsque j'ai commencé à m'aimer, j'ai compris à quel
point cela pouvait offenser quelqu'un.
En essayant d'imposer mes désirs à cette personne, alors
que je savais que le moment était venu de le faire.
n'était pas juste et la personne n'était pas prête pour cela,
et même si cette personne était moi.
Aujourd'hui, je l'appelle RESPECT.
Lorsque j'ai commencé à m'aimer, j'ai cessé de souhaiter
une vie différente,
et je voyais que tout ce qui m'entourait
m'a invité à grandir.
Aujourd'hui, j'appelle cela la MATURITÉ.

Lorsque j'ai commencé à m'aimer, j'ai compris qu'en toute circonstance,
Je suis au bon endroit au bon moment,
et tout arrive au bon moment.
Je pourrais alors dormir sur mes deux oreilles.
Aujourd'hui, j'appelle cela l'autoconfiance.
Lorsque j'ai commencé à m'aimer, j'ai cessé de me voler mon temps,
et j'ai cessé de concevoir de grands projets pour l'avenir.
Aujourd'hui, je ne fais que ce qui m'apporte de la joie et du bonheur,
des choses que j'aime faire et qui réjouissent mon cœur,
et je les fais à ma manière et à mon rythme.
Aujourd'hui, j'appelle cela la SIMPLICITÉ.
Lorsque j'ai commencé à m'aimer, je me suis libéré de tout ce qui n'était pas bon pour moi.
ma santé : la nourriture, les gens, les choses, les situations,
et tout ce qui m'entraînait vers le bas et m'éloignait de moi-même.
Au début, j'ai qualifié cette attitude d'égoïsme sain.
Aujourd'hui, je sais que c'est l'AMOUR POUR LUI-MÊME.
Lorsque j'ai commencé à m'aimer, j'ai cessé d'essayer d'avoir toujours raison,
et depuis, je me trompe moins souvent.
Aujourd'hui, j'ai découvert qu'il s'agit de MODESTIA.

Lorsque j'ai commencé à m'aimer, j'ai refusé de vivre dans
le passé.
et s'inquiéter de l'avenir.
Aujourd'hui, je vis dans l'instant présent, où TOUT se
passe.
Aujourd'hui, je vis chaque jour, au jour le jour, et
j'appelle cela l'ABOUTISSEMENT.
Lorsque j'ai commencé à m'aimer, j'ai reconnu que mon
esprit pouvait me perturber,
et il peut me rendre malade. Mais en le reliant à mon
cœur, mon
Le nouveau gouvernement est devenu un allié précieux.
Aujourd'hui, j'appelle cette connexion la SAGESSE DU
CŒUR.
Nous n'avons plus à craindre les disputes, les
confrontations ou les conflits.
tout type de problème avec nous-mêmes ou avec les autres.
Même les étoiles entrent en collision, et de leur collision
naissent de nouveaux mondes.
Aujourd'hui, je sais que c'est la vie !
(Ce poème a été attribué à Charlie Chaplin, mais n'a pas
été vérifié).

Ce qu'il est essentiel de comprendre, c'est que le retour
à soi le plus profond passe par la guérison de la relation
avec soi-même et avec les autres. Pour cela, il faut
développer le pouvoir de distinction pour déterminer

ensuite "ce qui est à moi" et "ce qui est à eux" : ce qui est intérieur à soi et ce qui est extérieur. Il m'a fallu beaucoup de temps pour défaire ma relation avec ma mère et retrouver cette partie de moi. Enfant, le seul contact que j'ai reçu d'elle était des coups et des agressions verbales. Et sa haine, un amour artificiel.

Mais les enfants font ce dont ils ont besoin. Et ma survie était basée sur l'amour de ma mère en étant "la pauvre Lisa", en faisant tout ce qu'il ne fallait pas faire et en étant renvoyée de la classe. Je lui donnais tout ce qu'elle voulait pour attirer son attention, et l'attention que j'obtenais était une gifle, un coup, une raclée. C'est tout ce qu'elle pouvait me donner. J'étais un enfant assez intelligent dans ces circonstances. C'est comme ça que j'ai dû faire à l'époque.

La compassion envers moi-même est le remède le plus puissant qui soit.

— *THEODORE ISAAC RUBIN*

L'autocompassion est une forme d'amour de soi. Quels que soient les changements que vous apportez, ou le nombre de conseils, d'astuces ou de compétences - même dans mon cas, des compétences psychologiques

- que vous possédez, cela ne signifie pas que vous vous aimez. En fin de compte, c'est ce qui compte. Si vous avez le programme, le tapis roulant qui tourne en arrière-plan, de ne pas vous aimer ou de ne pas vous estimer, la vie vous semblera être une lutte. Vous en devenez l'énergie sans même le savoir. Et cette énergie devient la structure physique que l'on appelle votre corps.

Au début, se poser la question : "Si je fais cela, suis-je un bon ami pour moi-même ?" demande un effort de mémoire parce que vous n'avez pas de repères neuronaux établis dans votre cerveau. Il se peut aussi que vous trouviez cela inconfortable. Mais avec le temps, l'habitude prend le dessus et vous commencerez à réussir. Vous commencerez à savoir ce que vous voulez et ce que c'est que d'être un bon ami. La question est intégrée et passe dans la conscience de votre corps. Vous n'aurez même pas besoin de la poser ou d'y penser. Cette nouvelle idée deviendra tout simplement votre vie.

Par exemple, en faisant ce travail, j'ai perdu beaucoup de poids sans faire de régime ni essayer. J'ai cessé d'avoir envie d'aliments qui n'étaient pas bons pour moi. J'ai voulu faire de l'exercice. Votre corps naviguera et vous dira qu'il est devenu quelque chose de différent. C'est vous qui le devenez. C'est difficile au début parce que vous désapprenez ce que vous n'avez jamais appris et dont vous n'étiez pas conscient. Mais une fois que vous aurez pris conscience de ce qui est bon pour vous, que vous serez cet ami qui vous rend heureux et qui choisit pour vous, vous commencerez à construire en vous cette force qui vous permettra de vous faire confiance.

Lorsque vous vivez en comprenant que l'amour de soi est au cœur de votre vraie nature, vous ne serez jamais seul... et vous ne le serez plus jamais.

EXERCICE

1. Commencez chaque matin en vous demandant : "Qu'est-ce que je vais faire aujourd'hui pour être un bon ami pour moi-même ?

2. Lorsque vous êtes confronté à des choix ou que vous hésitez à prendre une décision, posez-vous la question suivante : "Si je fais cela, serai-je un bon ami pour moi-même ?

3. Lorsque vous vous parlez à vous-même, demandez-vous : "Est-ce ainsi que je parlerais à un ami dans le besoin ?"

RECONNEXION ET PLÉNITUDE

> *"L'art de la conscience du corps intérieur deviendra un tout nouveau mode de vie, un état de connexion permanente avec soi-même et ajoutera à votre vie une profondeur que vous n'avez jamais connue auparavant.*

> — *ECKHART TOLLE*

Imaginez que vous vous réveillez plein d'énergie, heureux d'être en vie et prêt à voir ce que vous pouvez faire de plus ce jour-là. Du début à la fin, votre journée est remplie de choix basés sur vos désirs. Et à partir de ces désirs, tout est possible parce que vous incarnez la possibilité. Vous êtes un aimant génératif et créatif. Les gens aiment être autour de vous. Vous changez l'énergie de tout ce qui vous entoure simplement en étant vous-même. Vos relations sont basées sur la communion, l'harmonie. Elles sont amusantes, faciles, joyeuses et mutuelles. Votre corps est sain et vibrant de vie. Vous avez de l'énergie. Vous rayonnez. Votre entreprise est en plein essor et vos collègues rient et se joignent à vous dans tout ce que vous créez. La vie est une aventure joyeuse. Le rire et la légèreté envahissent votre corps. Vous êtes étonné de ressentir une telle alliance avec vous-même. Les gens vous demandent ce que vous avez fait pour vous changer et vous répondez : "Je me suis choisi. J'ai pris un engagement envers moi. J'ai collaboré avec l'univers et lui ai permis de répondre, et j'ai créé ce que je savais être possible".

Cela décrit la vie qui attend que vous la choisissiez. Et toutes vos adversités et douleurs, vos tragédies et traumatismes, toutes vos souffrances, sont en fait vos possibilités de vous connecter à la conscience de qui vous êtes. Lorsque vous pouvez explorer votre réalité et lâcher les croyances sous-jacentes qui soutiennent cette réalité, un tout nouveau monde s'ouvre à vous avec de nouvelles façons d'avancer vers ce que vous désirez. Soudain, ce qui n'a jamais eu de solution en a une infinie. Ce qui vous a toujours tourmenté disparaît. Cela ne veut pas dire qu'il ne peut pas revenir, mais il ne reviendra pas de la même manière. Et c'est vous et votre corps qui choisissez de changer et de vous engager pleinement dans vos 1st Shifts™.

Quoi qu'il en soit, ce qui vous rend fou dans le présent est lié à une décision que vous avez prise dans le passé. Vous seul pouvez vous rendre "non fou". Vous êtes la clé qui vous permettra d'avancer dans votre vie, de vivre radicalement avec ce ressort dans votre démarche. Et cela commence par entrer dans votre corps et votre conscience. Lorsque vous vous libérez de la cage du moi inconscient, des croyances inconscientes, la maladie quitte votre corps. Chaque cellule de votre corps devient plus saine. Ce changement profond peut littéralement modifier la structure de votre corps, même vos os, car toutes les pensées moralisatrices que vous avez eues à votre égard et qui ont enveloppé votre structure squelettique cellulaire tombent. Ce que vous pensez façonne votre corps.

Vous êtes un corps de changement. Votre corps est un cadeau qui vous offre la possibilité de vivre sans limites. Chaque jour, vous, et votre corps, pouvez changer, et il suffit d'un seul choix pour provoquer ce changement, un 1er Shift™ - pour être en communion et en conversation avec votre corps. Il est temps de reconnaître la brillance de vous en tant qu'être, une empreinte d'âme avec une signature spirituelle unique, et vous pouvez demander à votre corps de créer et de correspondre à la brillance et à la beauté de cela.

L'esprit humain n'a pas de limites. La seule limite à la grandeur est de se dire non à soi-même.

— JAMES LAWRENCE, LE "COW-BOY DE FER".

La liberté est fonction de vos croyances. Dès que vous découvrirez les croyances qui vous freinent, vous serez libre en un instant, même si la recherche de la vérité exige des choix, des compromis, de la collaboration et de la création. Et vous n'avez pas besoin de savoir comment au début. *Je ne sais pas comment... je sais que ce sera le cas.* Croyez que le chemin se déroulera au fur et à mesure que *vous* avancerez. Il y a une libération dans le fait de se laisser aller - cela s'appelle le *plaisir* et l'aventure d'être un corps.

Dès que vous aurez confiance en vous, vous saurez comment vivre.

— *GOETHE*

Parfois, la chose la plus difficile à changer est d'embrasser sa joie. Accepter que tout se passe bien. Accepter les succès. Accepter qu'il n'y ait pas de problèmes. Accepter la beauté de l'empreinte de son âme. Peu importe la quantité de travail que vous faites, vous devez apprendre à vivre en tant que vous. Pas de béquilles, juste vous, à l'état brut et réel. Vous pouvez vous sentir bizarre. Vous vous sentirez peut-être nu. Mais vous vous sentirez aussi bien. Certains de vos amis vous aimeront, d'autres non. Il se peut que des gens vous quittent, et vous vous en porterez mieux. Au fur et à mesure que vous serez plus en accord avec l'empreinte de votre âme, votre monde vous la renverra. Au début, nous nous sentons séparés et nous voyons notre corps comme étant séparé, mais en réalité, nous sommes connectés à toutes les choses et le corps le transmet. Lorsque nous nous libérons de nos jugements, tout commence à changer. Nous commençons à voir les choses clairement et à agir clairement, à attirer différemment, à croire différemment.

Nous n'avons pas besoin de fabriquer la présence inconditionnelle parce qu'elle est déjà là, comme le soleil, derrière les nuages de notre esprit occupé, et bien que nous nagions dans cette mer de pure conscience, nous devons être conscients de notre esprit occupé qui attend constamment d'île en île, de pensée en pensée, sautant par-dessus et à travers cette conscience, qui est son terrain, sans jamais s'y reposer.

— DR. JOHN WELWOOD

L'être que vous êtes ne peut jamais être brisé. L'empreinte de notre âme et la possibilité d'une vitalité radicale sont en chacun de nous, dans notre être même, mais cela exige que nous alignions notre énergie et notre conscience. Nous reconnaissons cette possibilité, mais nous comprenons en même temps que nous ne changeons pas facilement et que nous ne devrions pas changer. Ce travail a la capacité de vous remplir et de vous donner l'énergie nécessaire pour être plus créatif que vous ne l'avez jamais imaginé. Lorsque vous trouvez le fil qui relie le présent au passé et que vous le changez, et que vous vous libérez ainsi de la tyrannie de croyances inconscientes de longue date, c'est tout votre être qui devient présent et incarné. Chaque particule d'énergie de votre corps est libre. C'est ainsi que nous vivons radicalement, du problème à la possibilité.

C'est votre corps de changement. L'accumulation de centaines, de milliers, de millions, de milliards et au-delà de 1ers Shifts™ chaque jour. Cela crée votre vie, vivant, corps, intérieurement et extérieurement, congruent et radicalement vivant. Votre corps dirige maintenant votre savoir avec facilité.

Maintenant, pratiquez ceci : (plus vous le ferez, plus vous serez présent à votre corps).

Fermez les yeux

Placez votre main sur le thymus et le pubis.

Respirez par la bouche, sentez vos pieds sur le sol, votre dos sur la chaise et vos mains sur votre corps.

Développez-vous et touchez les quatre coins de la pièce dans laquelle vous vous trouvez, en sentant vos pieds sur le sol.

S'étendre aux quatre coins de la ville où l'on se trouve.

S'étendre aux quatre coins de l'État dans lequel vous vous trouvez.

S'étendre aux quatre coins du pays dans lequel vous vous trouvez.

S'étendre aux quatre coins de la terre, comme s'il y avait quatre coins de la terre.

S'étendant aux quatre coins de l'univers, si tant est qu'il y en ait...

Regardez votre corps

Demandez à trois molécules de s'avancer et changez la polarité de ces molécules en fonction de ce que vous avez changé en lisant ce livre. C'est une question d'énergie. Laissez-le aller.

Demandez maintenant à trois autres molécules de s'avancer et de libérer le "poids" de ce dont vous étiez inconscient. C'est de l'énergie. Laissez-la s'écouler.

Demandez maintenant à trois molécules supplémentaires de changer de polarité et transformez ces molécules pour créer le corps de changement que vous êtes maintenant. Il est énergétique. Laissez-vous faire.

Répétez l'exercice autant de fois que votre corps vous le demande.

Il se plaint bruyamment :

"J'ai changé !

"Je sais que j'ai changé !

"Je sais que j'ai changé parce que mon corps est un corps de changement".

"Merci, Corps".

"Merci, Univers.

"Merci, Yo.

"Je le suis, FREE.

CONCLUSION

Si personne n'a dit à votre corps aujourd'hui qu'il est aimé, adoré, nourri, chéri, honoré et respecté, *c'est maintenant* ! On vous l'a dit !

Si personne ne *vous* a dit aujourd'hui qu'il *vous aimait*, je l'ai fait !

Je ne sais pas comment... Je sais que ce sera le cas.

Je suis reconnaissante et comblée, et je le suis !

Soyez géniaux !

REMERCIEMENTS

Mon amour, l'amour que vous partagez et que vous donnez chaque jour rend tout possible. Mon amour pour vous est éternel ! Nos corps dansent au rythme de la symphonie de l'amour, de l'adoration, de l'éducation, du chérissement, de l'honneur et du respect. L'amour que tu m'as donné est au-delà des mots et notre connexion jette un pont entre les dimensions, les vies et les réalités. Je suis honorée de faire ce voyage avec vous. Vous, les enfants et la famille êtes ma précieuse cargaison et vous me remplissez de joie et de bonheur de faire partie de tout cela. Votre amour et votre gentillesse sincère évoquent mon cœur, mon esprit, mon âme et mon corps. Je suis reconnaissante chaque jour que le laser de Dieu vous ait dirigé vers moi et que je me sois inclinée et que j'aie dit OUI. Le meilleur choix qui soit.

PARTIE II
LE CORPS DU CHANGEMENT
: CAHIER D'EXERCICES

INTRODUCTION

Bienvenue dans le cahier d'exercices Le corps en mutation ! Ce guide vous accompagne dans votre voyage de transformation et de découverte de soi. Chaque exercice est soigneusement conçu pour approfondir votre connexion avec votre moi intérieur, vous donner les moyens de franchir les barrières et d'embrasser votre chemin unique vers la plénitude. Prenez votre temps pour chaque section, réfléchissez profondément et n'oubliez pas que ce manuel est votre sanctuaire personnel pour la croissance et l'exploration.

DÉCOUVRIR L'EMPREINTE DE SON ÂME

EXERCICE : RÉFLEXION SUR L'ÂME

Objectif : Identifier et formuler votre signature spirituelle unique.

INSTRUCTIONS :

Préparation :

Trouvez un espace serein où vous ne serez pas dérangé. Asseyez-vous confortablement, fermez les yeux et concentrez-vous sur votre respiration. Inspirez profondément, puis expirez complètement, en relâchant les tensions à chaque respiration.

Méditation :

Passez 10 minutes en méditation, en vous concentrant uniquement sur votre respiration. Lorsque des pensées surgissent, ramenez doucement votre attention sur votre respiration. Laissez votre esprit vagabonder vers des moments de votre vie où vous vous êtes senti vibrant et connecté à quelque chose de plus grand que vous.

Réflexion :

Après la méditation, ouvrez les yeux et réfléchissez à ces moments. Notez au moins trois expériences qui résonnent en vous - des moments de joie profonde, de paix ou de connexion.

Se connecter à soi-même :

Pour chaque expérience, explorez la façon dont elle est liée à votre sentiment d'identité et à votre but dans la vie. Qu'est-ce que ces moments révèlent de votre vraie nature et de la signature spirituelle unique que vous portez ?

Espace de réflexion :

(Vos pensées et réflexions vont ici)

IDENTIFIER LES OBSTACLES

EXERCICE : JOURNAL DES OBSTACLES

Objectif : Reconnaître les distractions et les obstacles à votre créativité.

INSTRUCTIONS :

Auto-évaluation :

Prenez un moment pour réfléchir à ce qui vous empêche d'avancer. Quelles sont les pensées récurrentes, les croyances ou les facteurs externes qui entravent vos progrès ou votre expression créative ?

Dressez la liste de vos obstacles :

Dressez une liste exhaustive de ces obstacles, qu'il s'agisse de défis internes comme le jugement de soi ou la peur de l'échec, ou de pressions externes comme les contraintes de temps ou les attentes de la société.

Réflexion sur l'impact :

Pour chaque obstacle, écrivez une brève réflexion sur l'impact qu'il a sur votre vie. Réfléchissez à la façon dont il se manifeste dans vos routines quotidiennes, vos processus de prise de décision et vos relations.

Plan d'action :

Choisissez un obstacle sur lequel vous vous concentrerez cette semaine. Écrivez des étapes spécifiques pour surmonter ou atténuer son influence - cela pourrait impliquer de changer une habitude, de chercher du soutien ou de recadrer votre état d'esprit.

Suivi :

À la fin de la semaine, revenez sur l'obstacle que vous avez choisi. Réfléchissez aux progrès que vous avez réalisés et aux connaissances que vous avez acquises.

Espace de réflexion :

(Vos pensées et réflexions vont ici)

S'ENGAGER DANS LA SAGESSE DE SON CORPS

EXERCICE : EXERCICE DE PRISE DE CONSCIENCE DU CORPS

Objectif : Se mettre à l'écoute des signaux de son corps.

INSTRUCTIONS :

Pratique quotidienne :

Consacrez 5 minutes par jour à la prise de conscience de votre corps. Choisissez un moment paisible, soit le matin, soit avant de vous coucher.

Balayage du corps :

Asseyez-vous confortablement, fermez les yeux et balayez lentement votre corps de la tête aux pieds.

Portez une attention particulière aux sensations, aux tensions ou aux zones de détente, sans porter de jugement.

Observation et perspicacité :

Remarquez les zones de tension ou d'inconfort. Qu'est-ce que ces sensations peuvent révéler de votre état émotionnel ou mental ? Tenez un journal quotidien de vos observations, en notant les tendances ou les changements au fil du temps.

Relier les points :

À la fin de la semaine, relisez vos notes. Réfléchissez à ce que votre corps vous a communiqué. Quel est le lien entre ces sensations et vos émotions, vos pensées ou vos expériences ?

Espace de réflexion :

(Vos pensées et réflexions vont ici)

GUÉRIR LA DÉCONNEXION

EXERCICE : LA TECHNIQUE DU RUGISSEMENT

Objectif : Utiliser la technique Roar® pour libérer les blocages émotionnels.

INSTRUCTIONS :

Trouvez votre espace :

Identifiez un espace privé et sûr où vous ne vous sentez pas gêné - votre chambre à coucher, un endroit tranquille à l'extérieur ou tout autre endroit où vous ne serez pas dérangé.

Centrez-vous :

Tenez-vous droit et respirez profondément, en vous ancrant dans le présent. Sentez vos pieds sur le sol et votre corps aligné.

Le rugissement :

Lorsque vous êtes prêt, respirez profondément et poussez un « rugissement » fort et puissant. Ce rugissement est l'expression de votre frustration, de votre douleur ou de vos blocages émotionnels. Libérez-le pleinement et sans réserve.

Affirmation :

Après votre rugissement, respirez profondément. Affirmez ce que vous voulez embrasser à la place, comme « J'embrasse ma force » ou « J'accueille la paix dans ma vie ».

Réflexion :

Notez dans votre journal ce que vous avez ressenti au cours de cet exercice. Quelles émotions ont fait surface pendant le rugissement ? Comment l'affirmation a-t-elle modifié votre énergie ? Réfléchissez à tout changement dans votre état d'esprit ou votre état émotionnel.

Répétez l'exercice si nécessaire :

Vous pouvez refaire cet exercice chaque fois que vous avez besoin de libérer des émotions refoulées.

Espace de réflexion :

(Vos pensées et réflexions vont ici)

Espace de réflexion :

(Vos pensées et réflexions vont ici)

PRATIQUES QUOTIDIENNES DE RECONNEXION

EXERCICE : LES QUATRE E ET LES QUATRE C

Objectif : Mettre en œuvre des pratiques quotidiennes pour se reconnecter à soi-même.

INSTRUCTIONS :

Les quatre E :

Chaque jour, choisissez l'un des Quatre E sur lequel vous concentrer :

- Embrasser : S'accepter et s'aimer tel que l'on est.
- Examiner : Réfléchir sur vos pensées, vos sentiments et vos comportements.

- Incarner : Vivre vos valeurs et votre vérité dans vos actions quotidiennes.
- Élargir : Grandir au-delà de vos limites actuelles et explorer de nouvelles possibilités.

Application :

Tout au long de la journée, appliquez consciemment l'E que vous avez choisi à vos pensées, vos actions et vos interactions. Remarquez comment il influence vos choix et votre relation avec vous-même.

Réflexion quotidienne :

À la fin de chaque journée, notez vos expériences. Comment le fait de vous concentrer sur cet E a-t-il influencé votre journée ? Quels sont les points de vue ou les défis qui sont apparus ?

Résumé de fin de semaine :

À la fin de la semaine, passez en revue vos réflexions. Résumez vos idées et notez tout changement de perspective ou de comportement. Comment cette pratique vous a-t-elle aidé à vous reconnecter à vous-même ?

Les quatre C (facultatif) :

En guise d'élargissement, explorez les quatre C : Clarté, Courage, Engagement et Compassion. Intégrez-les dans votre pratique quotidienne d'une manière qui vous semble naturelle et qui favorise votre croissance.

Espace de réflexion :

(Vos pensées et réflexions vont ici)

SE FAIRE DES AMIS

EXERCICE : LETTRE D'AUTOCOMPASSION

Objectif : Cultiver une relation d'amour avec soi-même.

INSTRUCTIONS :

Préparez le terrain :

Trouvez un endroit calme et confortable où vous pouvez écrire sans être dérangé. Allumez une bougie, mettez de la musique douce ou créez un environnement propice.

Écrire la lettre :

Écrivez une lettre à vous-même comme si vous vous adressiez à un ami cher qui traverse une période difficile. Offrez-lui des mots d'encouragement, de compréhension et de compassion. Reconnaissez vos difficultés et exprimez de l'empathie pour vos luttes.

Affirmations positives :

Incluez des affirmations dans votre lettre. Rappelez-vous vos points forts, vos réalisations passées et les progrès que vous avez accomplis. Encouragez-vous à continuer, même lorsque le chemin est difficile.

Lecture à haute voix :

Une fois que vous avez terminé, lisez votre lettre à haute voix. Prêtez attention à ce que vous ressentez en entendant ces mots de compassion qui vous sont adressés.

Conserver la lettre :

Placez la lettre dans un endroit accessible, par exemple dans un journal ou sur votre table de chevet. Revenez-y chaque fois que vous avez besoin de vous rappeler votre résilience et votre valeur personnelle.

Suivi :

Envisagez d'écrire de nouvelles lettres périodiquement pendant les périodes difficiles afin de renforcer une relation de compassion avec vous-même.

Espace de réflexion :

(Vos pensées et réflexions vont ici)

Espace de réflexion :

(Vos pensées et réflexions vont ici)

RECONNEXION ET PLÉNITUDE

EXERCICE : VISUALISATION DE LA PLÉNITUDE

Objectif : Visualiser votre chemin vers la plénitude.

INSTRUCTIONS :

Préparation :

Trouvez un endroit calme pour vous asseoir ou vous allonger confortablement. Fermez les yeux et respirez profondément pour détendre votre corps et votre esprit.

Visualisation guidée :

1.Visualisez un moment où vous vous êtes senti(e) entier(e) et complet(e). Il peut s'agir d'un moment précis ou d'une période générale de votre vie.

2.Imaginez l'environnement, les personnes et les émotions associés à cette période. Concentrez-vous sur les détails qui vous ont permis de vous sentir connecté et épanoui.

3.Maintenant, imaginez votre vie actuelle imprégnée de ce même sentiment de plénitude et de connexion. Visualisez ce à quoi ressemble votre vie quotidienne lorsque vous êtes pleinement en phase avec vous-même.

4.Notez les émotions qui surgissent lorsque vous visualisez cet état d'être. Que ressentez-vous lorsque vous êtes connecté à vous-même et à votre objectif ?

Écrire l'expérience :

Après votre visualisation, écrivez les détails de votre expérience. À quoi ressemble la plénitude pour vous ? Comment pouvez-vous l'inviter davantage dans votre vie ?

Mesures à prendre :

Identifiez les mesures à prendre pour vous rapprocher de ce sentiment de plénitude. Pensez à de petits changements dans votre routine, à des changements d'état d'esprit ou à un travail de développement personnel plus approfondi.

Pratique continue :

Revenez régulièrement sur cette visualisation pour renforcer votre lien avec la plénitude et vous ramener à votre vrai moi chaque fois que vous vous sentez déconnecté.

Espace de réflexion :

(Vos pensées et réflexions vont ici)

CONCLUSION

Félicitations pour avoir terminé le cahier d'exercices The Body of Change ! Vous avez fait des pas importants vers l'approfondissement de votre connexion avec vous-même et l'acceptation de la plénitude de votre être. Rappelez-vous que ce voyage est continu et que chaque étape franchie vous rapproche de votre moi authentique.

Continuez à revoir ces exercices, à intégrer les connaissances que vous avez acquises et à honorer les progrès que vous avez réalisés. Vous êtes digne du changement que vous recherchez. Continuez à avancer avec courage, compassion et un cœur ouvert.

Dr Lisa Cooney, PhD, LMFT, est une pionnière de la transformation personnelle et de la guérison des traumatismes. Elle excelle dans la thérapie de l'âme, le coaching de vie et la transformation spirituelle. En tant que créatrice de la méthode révolutionnaire Live Your ROAR®, elle a

métamorphosé la vie de milliers de personnes, les aidant à surmonter les traumatismes de l'enfance et à embrasser une "Réalité Orgasmique et Radicale" (ROAR®). La philosophie du Dr Lisa repose sur "Je l'obtiens!... Quoi qu'il arrive!" et les principes de l'auto-détermination, de l'engagement envers la croissance, de la collaboration avec l'univers et de la création d'une vie de rêve.

www.ingramcontent.com/pod-product-compliance
Lightning Source LLC
Chambersburg PA
CBHW072332150726
47998CB00017B/453